wilhelm holzbauer
meiself in bosdn
briefe aus amerika

müry salzmann

prolog mit schiffsuntergang

Zu meinem achtzigsten Geburtstag brachte mir mein Freund Friedrich Achleitner eine Kassette mit Briefen, die ich zwischen 1956 und 1959 aus Amerika nach Wien geschrieben hatte. Sein Begleitbrief:

Lieber Willi –
Das sind also die Willi-Briefe, die ich noch gefunden habe. Ich konnte mich nicht mehr erinnern, dass Du nicht nur ein passabler, sondern sogar ein verteufelt guter und phantasievoller Dichter warst! Die Originale kommen (mit Deiner Erlaubnis) ins Literaturarchiv. So runden sich die Jahre – der 80er zeigt das!
Mit besten Wünschen auch von Barbara
Dein Fritz

Auch ich konnte mich an diese meine Briefe, die einen wesentlichen Teil dieses Buches ausmachen, ja eigentlich sogar der Anlass sind, nicht mehr erinnern. Umgekehrt ließ sich trotz allen Suchens kein einziger von Achleitners Briefen nach Amerika auffinden. Sie sind allesamt in den persönlichen und geografischen Wirren verlorengegangen.
Bei meiner Abreise nach Amerika im Frühjahr 1956 ließ ich meine Kollegen Fritz Kurrent und Johannes Spalt in Wien zurück, die mit mir zusammen bei Clemens Holzmeister studiert und die „arbeitsgruppe 4" gegründet hatten. Zu ihnen hatte sich eine intensive persönliche und professionelle Beziehung und Freundschaft aufgebaut. Unser erstes Projekt, die Kirche von Parsch in Salzburg, wurde wenige Tage nach meiner Abreise ein-

geweiht. Dass ich bei der Einweihungsfeier nicht dabei war, darunter litt ich schon ein wenig.

In Wien waren wir Teil einer Gruppe von Künstlern und Literaten. Unsere Freunde waren Friedrich Achleitner, Hannes Gsteu, Gerhard Rühm, Josef Mikl, Arnulf Rainer, Peter Kubelka etc. Und dann war auch die Frau in Wien, die nicht unwesentlich der Anlass für die „Flucht" nach Amerika war…

Meine Briefe an Achleitner sind sprachlich eine Reflexion auf eine Atmosphäre, in welcher im literarischen Bereich neue Favoriten in unser Bewusstsein traten, die zumindest für einige von uns wahre Neuentdeckungen waren, von Rabelais bis Alfred Jarry, von Kurt Schwitters bis Hugo Ball und all den anderen Autoren, die in der wunderbaren, von Carola Giedion-Welcker herausgegebenen *Anthologie der Abseitigen* vertreten waren.

Es war auch die Zeit der Renaissance der Dialektdichtung in Wien durch Achleitner, Artmann und Rühm, welche dann 1959 mit *hosn rosn baa* einen literarischen Höhepunkt erfuhr. Vielleicht waren es geografische Gründe, dass bei Achleitner und mir, er aus Oberösterreich, ich aus Salzburg, auch die bayerischen Größen Karl Valentin und Ludwig Thoma in unser Vokabular Eingang fanden. Dieser literarische Einfluss verflüchtigte sich auch während des – vorläufig dreijährigen – Aufenthaltes in den Staaten und in Kanada nicht, wurde allerdings etwas kompensiert durch die Entdeckung eines neuen literarischen Kontinents: Walt Whitman, Herman Melville, David Frost, H.L. Mencken (der „amerikanische Karl Kraus", was dieser allerdings gar nicht gern gehört hatte) etc. Besonderen Eindruck machte mir Henry David Thoreau mit seinem Buch *Walden,* in dem er von seinem einsamen Jahr in der „Wildnis" – die allerdings in der komfortablen Nähe der wohlhabenden Stadt Concord, Massachusetts, lag – berichtete. Ich konnte sogar später in der Bostoner Zeit nächtlich noch im Walden Pond, an dessen Ufern er seine Hütte hatte, schwimmen – heute ein streng behütetes Naturdenkmal. Es war für mich das erste Buch, das die *civil disobedience* in eine literarische Form gegossen hatte und mich ungeheuer beeindruckte.

Bevor ich aber nun zu den Briefen komme, gilt es Bericht abzustatten von dem Untergang, mit dem meine Reise begann. „Must have been quite an experience", wurden die Amerikaner, die ich später kennenlernte, nicht müde zu betonen: in New York sozusagen „nackt" anzukommen, mit nichts als Hemd, Shorts, Khaki-Anzug und Socken. Dabei hatte man dank eines unerwarteten Geldsegens – Preisgeld von einem Wettbewerb – in Wien noch fleißig eingekauft: neues Gepäck – weißes Leder –, Anzug, Schuhe, groteskerweise auch einen eleganten Schirm, mit dem ich in lächerlicher Positur in praller Sonne am Pier in Genua noch auf- und abschritt, sowie einen neuen Fotoapparat und die damals avantgardistische EUMIG 8 mm-Kamera. Alles nun am Boden des Atlantik.
Nach einer achttägigen Atlantikquerung ging ich also leicht, ohne jeden Ballast an Land, im Trubel der unzähligen Journalisten, der Kamera- und Filmleute, der Menge von Neugierigen, unter den vielen geschrieenen Fra-

gen, die man eh nicht beantworten konnte, auch wenn das Englische besser gewesen wäre als es war. Sie waren schon mit Schnellbooten aus New York gekommen, auf das Schiff, das uns gerettet hatte – die „Ile de France". Und dann schon an Bord die hektische Suche der Reporter nach einzelnen Erlebnisberichten von Überlebenden, nach Fotos, die eventuell noch in der Unglücksnacht an Bord der „Andrea Doria" gemacht worden waren.

Es war ein wunderschönes Schiff, das da vor einer Woche am Pier in Genua gelegen hatte. Und nun lag es, vom Heck der „Ile de France" aus gesehen, wie ein riesiges weidwundes Tier im sanften Morgenlicht in der ruhigen, leicht gekräuselten See, acht Stunden, nachdem die „Stockholm", von New York kommend, es gerammt hatte, ein Teil des Rumpfes schon nach oben ragend, der andere Teil des Decks gerade noch sichtbar. Schemenhaft leuchtete die Notbeleuchtung noch aus dem schon überfluteten Schiffsrumpf herauf.

Acht Stunden früher: der plötzliche Ruck, das Beben. Es entsteht ein Automatismus der Bewegungen, raus, raus aus der Kabine, hinauf aufs Deck. Aber da hängt an dieser Kordel ein Schild mit *No Admittance First Class Only*. Trotzdem: hinauf, hinauf, so schnell es geht.

Mir ist bis heute nicht erklärlich, warum mein Kabinengefährte und ich die Einzigen waren, die diese Treppe aus der Tourist Class heraus benützten, während sich aus allen anderen Kabinen Männer, Frauen und Kinder stürzend, sich prügelnd in den langen Gang drängten, der sie jeden Tag aufs Achterdeck zu den ihnen bestimmten Speise- und

Aufenthaltsräumen geführt hatte. Am Vorderdeck, auf das wir gelangten – normalerweise nicht für Passagiere bestimmt –, standen Männer der Crew ratlos herum.

Nebel, Stille, ab und zu das Schiffshorn der „Doria", keine Durchsagen, keine Informationen. Witze, Blödeln mit dem Kabinengefährten, meinem Fulbright-Kollegen. Eigenartigerweise keine Angst. Die Luft ist mild. Also war es kein Eisberg. Aber was war es? Langsam wird die Schräglage stärker. Zum ersten Mal ein langes Tuten: ein Schiffshorn im Nebel. Es kommt näher, das Horn immer lauter. Plötzlich reißt der Nebel auf, der breite Rumpf eines riesigen Schiffes wird sichtbar, hell erleuchtet, auf den drei mächtigen Schornsteinen mit Hunderten Glühlampen vertikal die Schrift „Ile de France".

Das Gefühl des Gerettetseins lässt die Stimmung bei den Wenigen an Deck trotz des Umstandes, dass wir über die tatsächliche Lage gar nichts wussten, euphorisch werden. Der Fulbright-Kollege, der seine Kamera gerettet hatte, machte nun jene Bilder, die von den Reportern so hektisch gesucht worden sind und, wie sich später herausstellen sollte, tatsächlich die einzigen waren, die in der Nacht an Bord des Unglücksschiffes gemacht worden waren.

Im Zuge der Euphorie kommt auch Leichtsinn auf, Verwegenheit, aus der Blödelei entstanden. Mein Kollege – dem ich nun seinen Namen gebe: Heinrich Schneider – und ich kamen, obwohl das Schiff schon beträchtliche Schlagseite hatte, auf die gloriose Idee, uns noch einmal in den Schiffsrumpf hinunter zu wagen, weil, wie wir, uns gegenseitig aufmunternd, feststellten, jeder noch was aus der Kabine herausholen wollte: ich meine eben gekaufte Uhr, eine besonders flache „Georg Jensen", mein ganzer Stolz, Schneider immerhin seine Zahnbürste. Dieser Entschluss führte uns zu einem höchst merkwürdigen Raumerlebnis unmittelbar nach dem Betreten des Treppenhauses. Die auf den großen Passagierschiffen fast immer anzutreffenden dreiarmigen Treppenanlagen erschienen hier durch die starke Neigung des Schiffes als eine räumliche Komposition von schrägen Wänden, rampenartigen Podesten und Stiegenläufen verschiedener Steilheit. Irgendwie erinnerte mich die Situation an einen MERZbau von Kurt Schwitters. Auch das Hinuntergehen auf diesen Treppenläufen, teilweise fast waagrecht, teilweise extrem steil, ließ ein Gefühl aufkommen, das, wenn ich es aus heutiger Sicht betrachte, dem in einem Treppenhaus nach einem schweren Erdbeben ähnlich sein dürfte.

Am letzten Podest vor dem Gang zu unserer Kabine angekommen, hörten wir das glucksende Geräusch des Wassers, das diesen Gang schon bedeckte. Panik, wieder Flucht nach oben zu unserem Deck! Auf der von den Scheinwerfern der beiden schon relativ nahe beisammen liegenden Schiffe beleuchteten Wasserfläche wurden die ersten Rettungsboote der „Ile de France" sichtbar – Ruderboote! Wie sich später bei dem Prozess in New York herausstellte, waren von den zwölf Rettungsbooten der „Andrea Doria" nur sechs zu Wasser gelassen worden. Für die anderen sechs war es auf Grund der starken Schräglage des Schiffskörpers – und natürlich der säumigen Reaktion der Schiffsführung – nicht mehr möglich, diese ebenfalls ins Wasser zu lassen.

Die Boote der „Andrea Doria" waren moderne Motorboote. Und wie sich ebenfalls im Prozess herausstellte, war in dieser Rettungsnacht ein Teil der Mannschaft mit zwei dieser schönen Boote zur „Stockholm" übergesetzt, ausgestiegen und hatte sie einfach wegtreiben lassen. Die Italiener hatten bedeutende Seefahrer. Diese gehörten jedenfalls nicht dazu.

Das Vorderdeck, eigentlich den Passagieren der 1. Klasse vorbehalten, wo wir uns wie „blinde Passagiere" aufhielten, füllte sich langsam mit den rechtmäßig sich hier Aufhaltenden, in großer Robe: langes Abendkleid, mit erlesenem Schmuck behangen, Smoking, die meisten offensichtlich gerade vom Captain's Dinner kommend. Es war interessant zu beobachten, ja, es amüsierte uns besonders, wie die meist doch schon betagten Damen die nicht unbeträchtliche Distanz von den Ausgängen im Mittschiff zur Reling bewältigten. Die einen versuchten noch trippelnd auf ihren Stöckelschuhen die Schräge zu meistern, wobei sie dann allerdings oft die Schuhe verloren. Die anderen setzten sich gleich mit ihren Roben auf den Boden und rutschten zur Reling herunter. Auffallend war, dass die Herren im Smoking so sehr damit beschäftigt waren zu erwägen, wie sie selbst auf nicht allzu lächerliche Art diese schräge Fläche bis zur Reling bewältigen sollten, dass es an uns, den Jüngsten in dieser Szene, war, die meist nicht mehr jungen, aber teils doch sehr eleganten Damen an der Reling, also an der Brüstung, auf der bereits dem Wasser zugeneigten Seite des Schiffes in Empfang zu nehmen. Inzwischen waren Rettungsboote der „Ile de France" längsseits unseres

Schiffes angelangt und bereit, die Passagiere vom Vorderdeck aufzunehmen. Irgendjemand hatte auch Strickleitern an der Reling befestigt. Aber wie über die doch mehr als einen Meter hohe Brüstung hinüberkommen auf die schwankende, unstabile Strickleiter?
Es ist keine Heldentat, die ich hier beschreibe, aber es blieb nichts anderes über: Da sich von der Crew niemand blicken ließ, hoben Schneider und ich Stück für Stück die alten Damen über die Brüstung, versuchten ihre Füße auf eine der wackligen Sprossen der Strickleiter zu platzieren und sie zu ermuntern, doch bitte zum nächsten Strick der Leiter hinunterzusteigen. Manche Damen riskierten einen Blick hinunter zum Wasser, das immerhin noch geschätzte zehn Meter in der Tiefe lag, was bewirkte, dass sie am liebsten wieder zurückgekrochen wären. Nun war es so, dass die armen zitternden Geschöpfe, wenn sie nun schon über der Reling waren, sich an den ersten Horizontalstricken der Leiter festklammerten und offensichtlich eine Blockade hatten, mit zumindest einer Hand den darunterliegenden Strick zu ergreifen. Ich erinnere mich, dass ich einer Frau Finger für Finger lösen musste und dabei sagte „Please lady you must go down to the boat" oder was immer ich in meinem schlechten Englisch von mir gab. Das Rettungsboot, das uns aufnahm, war schon praktisch voll, als wir beide als Letzte an Bord kamen. Trotzdem ruderte die Crew noch ein paarmal entlang des Schiffes hin und her. Tatsächlich gelang es, trotz verhaltenen Protestes einiger der schon Geretteten, noch zwei Leute aus dem Wasser zu ziehen.

So ruhig es während der ganzen Rettungsoperation am Vorderdeck zuging, umso chaotischer entwickelten sich die Dinge am Achterdeck, wo alle Passagiere der Tourist Class sich versammelt hatten. Dass überhaupt jemand im Wasser war, ist nur dadurch zu erklären, dass einige in Panik gesprungen sind oder beim Zusammenstoß der beiden Schiffe aus den aufgeschlitzten Kabinen geworfen wurden. Ein Kind, Passagier der „Doria", wurde später bewusstlos, aber unversehrt im Bug der „Stockholm" gefunden. Die Todesopfer des Unglücks, siebenundachtzig an der Zahl, waren fast ausnahmslos Auswanderer aus Neapel oder Sizilien, darunter, wie später aus den Passagierlisten ersichtlich, eine achtköpfige Familie. Sie waren offensichtlich direkt beim Zusammenprall in ihren Kabinen zerquetscht worden.

Auch das Übersetzen mit dem Rettungsboot zur „Ile" verlief nicht ohne absurde Situationen. Ganz vorne am Bug, hoch aufgerichtet, schrie eine Frau mittleren Alters mit einem Gesichtsausdruck, als spräche sie direkt mit dem „Herrn", gellend in wüstem, nicht abbrechendem Staccato „God help us! God help us!", bis es einem der „Passagiere" des Schiffchens zu blöd wurde und er sie anschrie mit Worten, die ich heute als „Shut up you bitch or we throw you in the water!" in Erinnerung habe.

Auch ein anderes Erlebnis habe ich in Erinnerung, weil dessen Spätfolge mich nach meiner Ankunft in New York noch tagelang quälte – ich brachte nämlich keinen Bissen mehr hinunter. Der Anlass war, dass einer alten Frau, die auf der Bank neben mir saß, auf dem recht stark schlingernden Boot übel wurde. Da sie hilflos hin- und her-

Das LIFE-Magazin vom 6.8.1956

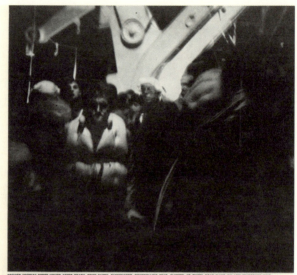

LIFE-Magazin, Seite 19, ich als „stiff-faced passenger"

geschleudert wurde, nahm ich ihren Arm und schlang ihn um meinen Nacken, keine sehr angenehme Situation, da sie unmittelbar darauf von einem heftigen Brechreiz erfasst wurde, dessen Ergebnis direkt vor mir landete. Dies vor mir sehend und riechend, erging es mir nicht anders. Dies war das erste und letzte Mal, dass ich seekrank wurde, obwohl ich noch drei *Atlantic Crossings* erlebte, auf der „United States", der „Empress of Scotland" und, Jahre später, die Passage auf der „Raffaelo", dem Nachfolgeschiff der „Doria", auf einer ihrer letzten Fahrten – danach war die glorreiche Zeit der Linienschifffahrt aus und vorbei.

Die „Ile de France" war ein Luxusliner, der in Konstruktion und Ästhetik mehr mit der „Titanic" gemeinsam hatte als mit der damals erst vier Jahre alten „Doria". In Dienst gestellt 1925, war das Schiff schon 1912 in Auftrag gegeben worden, dem Jahr der „Titanic"-Katastrophe; es war eines der großzügigst und luxuriösest ausgestatteten Schiffe seiner Zeit und berühmt für seinen durchgehenden Art-Deco-Stil, der im großen Speisesaal in einem üppigen Crescendo gipfelte. Für einen „Holzklassenpassagier" der doch im Vergleich nüchternen „Doria" war dies eine andere Welt, umso mehr als sich die Geretteten in allen Räumen und Decks frei bewegen konnten. Es ist hierbei ganz interessant, wie ein auf der „Ile" mit Ziel Le Havre reisender Journalist damals die Stimmung an Bord beurteilte:

„Als die ‚Ile' ihre Rettungsoperation beendet hatte, teilte sie über Funk mit, dass sie ihren Kurs ändern und mit voller Kraft die Überlebenden nach New York bringen werde. Die Decks waren voll mit Menschen, welche in den komplexen Gefühlen gefangen waren, aus größter Gefahr erlöst worden zu sein. Manche waren in die absurdesten Outfits gekleidet, manche fast unbekleidet. Sie waren von Schock und Erschöpfung gezeichnet oder verfielen in hysterische Ausbrüche über ihre Rettung. Manche waren wütend über verlorene Besitztümer, andere in brennender Sorge über vermisste Angehörige. Und bei wieder anderen gab es wilde Freudenausbrüche, wenn jene, die sie vermisst glaubten, auf wunderbare Weise gerettet waren." (Übersetzung W. H.)

Der Text ist ein Ausschnitt eines langen Berichtes in „LIFE", dem damals wichtigsten Magazin der USA, ja weltweit, und stammt von jenem Reporter, dem es an Bord der „Ile" geglückt ist, Schneider den unentwickelten Film um lächerliche 800 Dollar abzukaufen – er argumentierte mit dem Risiko, es könnte bei der Dunkelheit, in der die Fotos entstanden waren, auf dem Film kaum etwas drauf sein. Es waren dann zwei Aufnahmen von diesem Film, die in der Ausgabe vom 6. August 1956 groß über zwei ganze Seiten publiziert waren, darunter jenes, das mich, mit *life jacket* und Sonnenbrille angetan, im kargen Licht eines Bordscheinwerfers vor dem Hintergrund einer Bootswinde zeigt. Nicht auszudenken, was der Reporter für diese Fotos, wie gesagt die einzigen, die in jener Nacht direkt an Bord der „Ile" gemacht wurden, in Rechnung stellte. Immerhin hat er Heinrich Schneider in den Bildunterschriften als Fotografen erwähnt.

new york

Es ist an sich schon ein großes Erlebnis, an Bord eines großen Luxusliners in New York anzukommen. Aber mit einem Schiff zu landen, auf das man sozusagen mitten im Meer, ein paar hundert Seemeilen von New York „umgestiegen" ist, das hatte eine andere Dimension. Inmitten des Gewühls von Fernsehteams, Kameraleuten, Journalisten, Wartenden, die nicht wussten, ob jene, auf die sie warteten, überhaupt ankommen würden, hatten wir das Gefühl, als warte ganz New York auf uns, auch auf uns sechs Fulbright-Studenten, zwei junge Frauen und vier junge Männer, die nun eigentlich nicht wussten, was sie erwartete. Aber alle hatten wenigstens das Wichtigste gerettet: ihre Dokumente.

Von hier ab legt sich ein Schleier über die Erinnerungen. Blieben wir zusammen? Ging jeder seinen eigenen Weg? Irgendwann fanden wir uns wieder, nicht ohne Friktionen untereinander. Es war der österreichische Konsul Dr. Schlag, der uns zusammensammelte und uns bei den ersten Schritten auf dem uns fremden Kontinent behilflich war. Vor zehn Jahren waren wir noch „Feinde" gewesen, Angehörige des Hitlerreiches, und jetzt in den siegreichen USA!

Meine ersten Kleider und Schuhe erhielt ich von Mr. Neumann, einem jüdischen *haberdasher* – für mich damals ein lustiges Wort –, einem Herrenausstatter und ehemaligen Wiener. Auch die provisorischen Schuhe, die ich an Bord der „Ile" von irgendjemandem erhalten hatte, konnte ich hier in passende umwechseln. Mein größtes Problem war, abgesehen davon, dass ich drei Tage nach der Ankunft noch immer nichts Festes essen konnte, mein wirklich miserables Englisch. Durch die *Fulbright Commission* in Wien bin ich ja nur durchgekommen, weil eine befreundete Dame als amerikanische Staatsbürgerin und Angehörige der amerikanischen Botschaft wider besseres Wissen bezeugte, dass meine Englischkenntnisse nicht nur ausreichend, sondern sogar gut seien. Es war das Ergebnis eines Nachmittagsgespräches, das so angenehm verlief, dass wir beide mit der Überzeugung auseinandergingen, ich würde es wohl sehr schnell lernen, was ja auch letztlich geschah.

Die ersten Tage verschwimmen ein wenig. Die Vielzahl neuer Eindrücke – aus dem grauen Wien mit den überall noch sichtbaren Kriegszerstörungen heraus in die von einer ungeheuren Vitalität erfassten Metropole – lässt nur Fragmente von Erinnerungen zurück, etwa die, dass ich bei jeder der vielen Einladungen zu weiß Gott was noch tagelang beteuerte, ich sei zu *dirty*, wobei ich meinte: zu *tired*.

Schließlich landete ich als Hausgast bei einem relativ jungen, seit einigen Jahren in New York lebenden Wiener Ehepaar, er Journalist für irgendwelche Wiener Medien, was sie tat, weiß ich nicht mehr. Jedenfalls waren sie für mich damals das, was man heute als *oversexed* bezeichnen würde. Dass beider Interesse stark in diese Richtung ging, war an der Vielzahl von „Playboy"-Heften zu erkennen, die überall herumlagen – wahrscheinlich alle Ausgaben des erst seit drei Jahren existierenden Geniestreichs des Hugh Hefner. Mein Gastgeber wurde denn auch nicht müde, mir die unvergleichlichen Vorzüge der sekundären – für ihn schienen sie die primären –

Geschlechtsmerkmale der amerikanischen „Playmates", also deren Brüste, zu preisen.

Insgesamt war der Aufenthalt in diesem sympathischen Haus – ich glaube, es war in der damals eher verrufenen Lower Eastside – ein durchaus angenehmer, der auch noch die Lösung eines Problems brachte. Wie schon erwähnt, konnte ich, sicher ausgelöst durch die Ereignisse der Unglücksnacht und die Erfahrung im Rettungsboot, noch immer praktisch nichts essen. Die Erlösung kam in Form einer wunderbaren klassischen Wiener Rindsuppe, mit einer Einlage, die an kleine Schöberl erinnerte, zubereitet von der ebenso attraktiven wie herzlichen und liebenswerten Dame des Hauses.

syracuse

Für eine von unseren Studentinnen von der „Andrea Doria" und mich war ein einmonatiger Aufenthalt mit Einführungskurs an der Syracuse University in Upper New York State vorgesehen. Hier lernte ich das Leben auf einem amerikanischen Universitätscampus und gleich auch die Unterschiede zwischen der republikanischen und der demokratischen Partei kennen, die uns Unbedarften von zwei der jeweils zugehörigen Instruktoren deutlich und mit ebenso deutlichen Wertungen vor Augen geführt wurden. Auch in Syracuse – und nicht nur an der Universität – wurden wir überaus herzlich aufgenommen. Auch hier gab es viele Einladungen, und inzwischen war mein Englisch – oder Amerikanisch – gut genug, dass ich mich nicht mehr damit entschuldigen musste, dass ich zu *dirty* sei.
Eine besonders rührende Einladung war die eines soignierten, hochgebildeten älteren Herrn aus Wien, Jude, der mich zu einem Mittagessen in den Golfclub einlud. „Wissen Sie, probieren Sie einmal, hier auf den Straßen spazierenzugehen, jedes zweite Mal bleibt ein Auto stehen, und der Fahrer fragt Sie, wohin Sie wollen. Dann sag' ich: Ich will nirgends hin, ich will spazierengehen."
Das tat er auch auf dem Golfplatz, das Spiel konnte er eh nicht.
Amerikanische Provinzstädte mit mehreren Colleges und Universitäten, wie Syracuse, waren von der *Fulbright Commission* klug ausgewählte Orte, um jungen Studenten aus aller Welt den *American way of life* näherzubringen. Es war die visionäre Idee des Senators aus Tennessee, James W. Fulbright, dies durch den *Ful-*

bright Act, welcher 1946 vom amerikanischen Kongress und Senat beschlossen wurde, zu ermöglichen. Nicht nur, dass Studenten aus vielen Ländern – auch den „besiegten" Staaten wie Deutschland und Japan – am Campus leben konnten, auf dem Programm standen auch vielfältige Kontakte mit Familien, Firmen und Vereinigungen wie Rotary Club, Lions etc.
So konnte ich eine Woche im Haus eines Hühnerfarmers verbringen, der ein kleines Flugzeug besaß, einen wirklich kleinen Zweisitzer, nur ein paar Eisengestänge mit Segeltuch bespannt, mit einer dünnen Tür, die man nicht einmal verriegeln konnte. Die „Doria" hatte ich ja überlebt, aber so viel Angst, wie mich während einiger – im Übrigen wunderschöner – Flüge über die Finger Lakes und die Niagara Falls plagte, hatte ich während des ganzen Untergangs nie. Doch der gute Hühnerfarmer war ein begeisterter Flieger, und so musste ich jedesmal meine Feigheit überwinden, wenn er mich fast jeden Tag zu einem Rundflug einlud.
Hier bei dem Hühnerfarmer in Syracuse hatte ich zum ersten Mal Muße, einen Brief zu schreiben. Es ist ein Doppelbrief, eine handgeschriebene Seite, links an Achleitner, rechts an Gsteu:

Liaba Frids
glaub I da eh du lausiga bruada dasdi gfreid hedsd
waun I dasoffa wa. Awa nichdhodsngfreid, eam, is
davogschwumma isa af Neiyorg eini un iatzt sidsda
da un had a lem wiara junga godd. Motabodfoan, a
wengei fliagn un fü schlofn. Nua midn essn hods eam

– schmeggd eam hoid goaned. frisd du fileichd schbeg
mid honig? Un a achdl waunahed! Awa gestan hobi
a flaschl Neuyorgstet – schreibd ma STATE – wein
griagd, hob obanuned brobierd wiara is. Heid afdnochd
ge I afa bignig. I bin in dera wochn bei an hendlfarma a
gast. Is oba kein so baua wiesd du ana bist. Der hod an
gloan fliga und is gscheida wia du!
An rechd an schenan gruaß an Deine Eltern und
Bruada und bekannte leite! Schreib ma du hund
bfiad di
dein liaba freind
Willi

Lieber Hannes!
wie Du vielleicht wissen wirst bin ich jetzt in Amerika
(Andrea Doria untergegangen, weiter mit Ile de France)
hochinteressant! (Schiffsuntergang) Wie geht's Ada
(Buzi) Wann heiraten? (wo?) Ihr viel Arbeit haben?
(Gefahr des Verhungerns?) Häuser hier aus einzelnen
Räumen zusammengesetzt (verschieden groß!) Dach
hier <u>über</u> den Häusern (Funktion! wegen Regen) Boden
<u>unten</u> (Funktion! wegen Gehen) New York sehr, sehr
groß (sehr, sehr!) Amerika auch sehr, sehr groß (sehr,
sehr!)
Wünsche Dir, Deiner Braut und Deinem lieben Kolle-
gen sehr sehr viel Glück und Sonnenschein!
Dein Freund Willi
Schreib bald (bitte!)
Einen recht einen schönen Gruß an Deine Braut Ada!

Achleitner und Gsteu waren inzwischen eine Bürogemeinschaft eingegangen und konnten an der Rosenkranzkirche in Wien-Hetzendorf ein wichtiges Exempel vollziehen, wie man durch Neuinterpretation eine Kirche aus dem Historismus zu einem modernen Gotteshaus umgestaltet.

Zugegeben, diese beiden kurzen Briefe – „stilistisch" auf die jeweiligen Charaktere zugeschnitten, in meiner Erinnerung nach einer der schon erwähnten Einladungen in der Nacht in der Bibliothek des Dormitory der Universität geschrieben – waren kein glorioser Auftakt für den Beginn einer literarischen Korrespondenz. Wahrscheinlich auch geschrieben nach einer ersten ergiebigen Bekanntschaft mit dem amerikanischen Nationalgetränk, dem Bourbon.

meiself in bosdn

Mein endgültiges Ziel im Rahmen meines Stipendiums war ein Studienplatz an der Architekturfakultät des Massachussets Institute of Technology, kurz MIT, in Cambridge, einem Teil von Boston. Auch hier ein bunter Haufen von Studenten, auch Amerikanern, die damals schon für *tuition and fee* die für uns Stipendiaten unvorstellbare Summe von 30.000 Dollar bezahlen mussten – damals 720.000 Schilling. Dabei hatten sie damit noch kein Dach über dem Kopf und keinen Hamburger im Magen.

Die anderen Studenten stammten aus Malaysia, Japan, Taiwan, Frankreich etc. Aber auch der Lehrkörper war neben einem Grundstock von Amerikanern bunt gemischt: Pietro Beluschi, Italien, Gyorgy Kepes, Ungarn – ein alter „Bauhäusler"–, Felix Candela, Argentinien etc. sowie eine Reihe von Gastprofessoren wie Mies van der Rohe, Paul Rudolph, Louis Kahn, Eero Saarinen etc.

Optisch wirkte Mies wie eine Mischung aus Holzmeister und Wachsmann, sehr herzlich, er schien ungeheuer zufrieden mit dem Stand der Dinge. Er trank gern und viel Martinis und war ständig, wie ich ja schon vorher wusste, von einer Zigarrenrauchwolke eingehüllt. Er sprach sehr wenig, und wenn, dann mit einem so schweren Akzent, dass ihn viele Amerikaner kaum verstanden. Was er vortrug, kannte ich eigentlich schon von seinen Veröffentlichungen. Er sprach sehr viel von *technology* – sie sei der entscheidende Faktor der modernen Architektur – und dann von „Baukunst", die er immer deutsch aussprach. Besonders an eine Episode erinnere ich mich gut. Anlässlich eines Gesprächs mit Studenten wurde er

Boston, 1957

gefragt: „Sir, why do you always speak about *we* when you speak about your work?" Mies lachte glucksend in sich hinein: „We Germans are humble people."
Auch die visuelle Umwelt machte großen Eindruck auf mich, der ich gerade aus einer Stadt kam, in welcher der utilitaristische Stil des „Wiederaufbaus" praktiziert wurde, wo gerade die Oper, das Burgtheater und der Stephansdom aus den Trümmern wieder erstanden waren und der Wiener Einheitswohnbau jeden Ansatz einer „Architektur" vermissen ließ. Für mich waren die Bauten eines Eero Saarinen mit dem Kresge Auditorium, die Studentenheime von Alvar Aalto und Walter Gropius, die neuen Hochhäuser am Charles River etc. Inkunabeln der Moderne.
Ich lebte damals sozusagen auf zwei Ebenen: die eine, die mich umgab, Boston, die andere, die mich nach wie vor ständig beschäftigte, Wien. Telefonieren war viel zu teuer, kam deshalb kaum in Frage und war mit Anmelden und endlosem Warten verbunden. Briefe jedoch, Luftpostbriefe, dauerten damals manchmal nur unglaubliche zwei, manchmal drei Tage von Wien nach Boston und vice versa. Warum ich in meinen Briefen an Achleitner jenes Idiom pflegte, von dem ich offenbar der Meinung war, dass es jenes war, das wir vor meiner Abreise pflegten, ist mir nicht mehr in Erinnerung. Dem täglichen Umgang kann es wohl nicht entsprochen haben. Hier ein Beispiel, wahrscheinlich der erste Brief aus Boston kurz nach meiner Ankunft, dem Datum vom 23. September 1956 nach zu schließen.

meiself in bosdn iatz den
23 spt e annuari 1900056 ds

Mei liber, yu neidhammel
vier mich isd das lem kein heidara schbass mid kichan
un drinkn un scheggan mid weibsb. un wein un wein un
wein wia fileichd vier di. un is da fileichd und dein bier-
galichen freindn ums geld leid dasd mid da ordinary mail
schreim muast un dia kein lufd-mail leisdn kannst un s
buchhendlergschefd wurt a hi wansmidn luftmail schreim
dadn un di schdeiern undie schdeiern kana glaubz wansd
eams sogst un frozln a nu du besa du du besa.
54.327 fela san in dein brief un du mechsd a dichda sei
eschowisn eschowisn un brife in rausch schreim kann
a jeda awa siz di her da mid da mili ausn refridschreda
innan kald ausn kald un kald un kald

Un wansd wisn mechsd wias is in amerigga dan lesd in
der zeiddung oder in brogghaus oda gest ins kino nigs
wia lochn olleweil nix wia lochn.

mei liawa frids eina is ima da blede un des bisd du
glaubstmas. eschowisn eschowisn
mei liwa frids haudujudu gled du mid ju, hop yu arwell
und hef e neis wikend un so reden die leid – du dadsd
liab ausschaun wanst da wast mid dein bledn kobf – di
amerikana dadn sche schaun un hedn a freid mid dir.
Wia geds den dein hern kolegen – den schreib i nima
den gschertn raml den – un heia zsifesta werma nicht
beisamen sizen aber fileichd nexz jar.

*bosdn is a grosse schdat mid file heisa un manchmal
san grosse bukstaben drauf du kunstas aber nichd lesen
weils auslendisch is aber ich schon. un wanst am ban-
hof ankimst dan farst mid der sabwey un zalst finfzen
zent un die bukstaben auf die heiser rirn sich oft und
das ganze heist adferteising un isd ein grosses gscheft
aber nichd fir dich.*
*Rundum bosdn is wassa nix bat wota noding bat
wota – wota zum schwimma wota zum drinkn un zum
abwaschn wota gegnan drek gegnan durscht wosd
hischaust nix wia wota.*

*den zwelfdn dieses in
oktbr. selb. stadt 956*
*kelibta freind
schigsahle un fozn eneln sich un schigsahle fon briefm
auch indem ich mein brief auch ein weil dinsdn hab
lassn furn fohlendn un sihe schbrach er un es war gudso
indem das nemlich dein, deirer freind, ledder ankommen isd. nichd one rirung hab ich dein neies, deirer
freind, wergg zu mir genommen, das du widerum wi
schon sooft mir gewidmet hasd. mege es dein ruhm
fergressern wi bisher ale deine wergge un in ferne lande
dragen awer nichd deinen geruch du stingger.*

*Du wirst mir schohn erlaum, deirer freind, dahs ich
wider ein wengl fon esn schreib – so das ja das wich-
digste ding in lem isd un so ich glauwe dahs ich hirzu
ein refierlinges rechd hab so ich diferse exberimende
an eigenen leib durchfir un himid glaube mid rechd in*

*di herforragende reie derer eintragen zu kenen die sich
um das wol der menscheid unausleschliches ferdienst
erworben haben.
In langwirigen umschdendlichen un zeidrauwenden fer-
suchen hawe ich nemlich festgeschdelt was nodwendig ist
und nesseseri um weida lem zu kennen – um mid freind
neidra [Richard Neutra] zu schbrechn – und um dir ahle
disse fersuche zu erschbaren di zudem nichd ungeferlich
sind so ferrade ich dir un ausschlislich dir deira freind
meine lezdn ergebnisse, die man wi ahle grossn dinge
ganz kurz fasn kann: koch da ni in lem sem [söm] – ruf-
zeichn (auf di bledn ameriganischn maschin is keins.)*

*Liwer deirer freind ich mus schon sagn du nimst dir
eine schene grosse fozn fol heraus un du drausd der was
indem du glaubst ich bin in sonsdigen umschdendn. ich
bin es nichd un ferbidde mir dererlei*

*ssosso dibeidnzwei heiraddn ssosso un was is fileichd
mit dir? ich schreib inen schon sagst ich schreib inen
schon sagst inen ich schreib schon.
liwer frids dust noch nasnborn? ich schon und gern a
nu. Awa nur mer wen ich alein bin weil sichs fileichd
nichd ghert in anwesenheit fon auslendern – un hir
gibds fasd nixwi auslender – wost hinschaust nix wi
auslender.*

Zun abschlus schreiw ich dir noch ein gleines boem:

dRoDDlvicH

DroDDlvich, DrOddlVich
Loooooooooooodsch
Droddl V i c h
L o o o o odschd
DrODDl –, droDDldroDDldrOddl
hundVichsaudebb – bleda
debb
DroddlVIch DroDDlvich DRODDLVICH Fich
L O H D S C H
droddl
lodsch

Eine kleine Wohnung auf der Bostoner Seite südlich des Charles River mit der Prestigeadresse Marlborough Street war die erste Unterkunft in Boston. Der tägliche Weg führte über die Charles River Bridge zur Cambridge-Seite, mit Blick auf die neoklassizistische Fassade des Hauptgebäudes des MIT rechterhand, das Aalto'sche Studentenheim linkerhand. Um dieses Gebäude rankten sich Geschichten unter den Studenten. Alvar Aalto, der als Visiting Professor ans MIT berufen war, gab den Studenten die Aufgabe, das Studentenheim, für das er gerade den Auftrag erhalten hatte, zu entwerfen. Aalto, der mit den Ergebnissen der Studentenarbeiten überhaupt nicht zufrieden war – „lauter viereckige Kisten" –, zog sich mit einer nicht unbeträchtlichen Anzahl Flaschen Whisky zurück und kam zwei Tage später mit dem Entwurf seines berühmt gewordenen wellenförmigen Baublocks und des davor lagernden Kantinenteils zurück. Es wurde dann genauso gebaut.

Das studentische Curriculum am MIT war intensiv, das Angebot von Vorträgen von berühmten Personen immens, angefangen von Norbert Wiener, dem eigentlichen Erfinder des Computers, bis zu Robert Oppenheimer, dem „Vater" der Atombombe, der damals schon von der „Erbsünde" der Freisetzung des Atoms sprach und sich vehement gegen Edward Teller mit seiner Wasserstoffbombe aussprach.

Pech hatte Richard Neutra, dessen Vortrag zur selben Zeit an anderem Ort im Campus als jener von Oppenheimer angesetzt war: Die Studenten der Architekturfakultät gingen zu Oppenheimer. Neutra zeigte sich als Gentleman und erschien auch bei Oppenheimer.

Die Wahl der Semesterprojekte an der Fakultät war freigestellt. Immer auf der Suche nach Wettbewerben, an denen ich teilnehmen konnte, kam der große internationale Wettbewerb für das Opernhaus in Sidney gerade recht. Das Resultat ist für mich das bedeutendste Werk des 20. Jahrhunderts – und bisher auch des 21. Jahrhunderts –, das Opernhaus von Jørn Utzon. Siebzehn Jahre nach dem Wettbewerb wurde es eröffnet, ohne den Architekten, der sich über die Gestaltung des Innenraumes und die exorbitanten Kosten mit den Auftraggebern überworfen hatte.

Immerhin konnte ich mit meinem Projekt bei diesem weltweiten Wettbewerb mit über zweihundert Teilnehmern den fünften Platz erringen, was meine Lust an Wettbewerben weiterhin aufstachelte.

Inzwischen kamen Weihnachten und Neujahr näher, was der Beziehung zu den Wiener Freunden wieder Nahrung gab, wovon der nächste Brief an Achleitner Zeugnis gibt. Warum er ausgerechnet in Stil und Gehabe dem Buch *Jozef Filser – Briefwechsel eines bayrischen Landtagsabgeordneten* von Ludwig Thoma, erschienen 1909, nachempfunden ist, weiß ich beim besten Willen nicht mehr. Vielleicht sahen wir in Thoma einen Verwandten von Karl Valentin, der uns ja alle beschäftigte. Noch dazu ist der Brief in einer Art handschriftlichen Kunstschrift verfasst, obwohl ich damals schon im Besitz einer Schreibmaschine war. Niemandem ist zuzumuten, ihn in Faksimile zu lesen, so hier meine „Übersetzung":

Mein Entwurf für das Opernhaus Sidney

Bosdn, den 26.

Gelibder Freind!
Geweid sein Deine Dage un frelich solsd Du sie verbringen un so sag ich Dir mery Krisdmäß un auch sneie Jar sol Dir fil bringen. Weisd Du noch Liber wi mir forigs Jar drunggn ham un frelich gudder Dinge bis in den frihen morgen un Dein bledes gsichd is fasd aus den Laim gegangen for laudder Freide das ich dir durch meine anwesenheid die Ere gegem hab.
Weisd du es noch mein Liber.
Mir ged es soweid gud – danggfir die Nachfrag. Es had gegem ein schen durchgebradenes hendl und zerschd ein supperl und vorher Kawiar – dan had es noch gegem Karfiolsalad und Eisgrem aber nichd midsamen wie Du Leffel gleich wider frologgsd. Sonsd noch Fruchdsalad, Kamembeer un ameriganisches Gleznbrod. Gedrunggen hab ich wisgy, mardini un gumpoldskirchna und reinwein und Schianddi. Un jezd sol dir das wasser in dein maul zusamenlaufen du saubardl und neidhamel grauslinga.
Vor zwei wochn war ich wider in Nuyork und bin auf das hegste gebeide der weld geschdign und hab auch fleißig fotografiert mid mein neichn Foto!
Buberl das is fei hoch – dreimal na dreissig mal so hoch alswi der Maddighofner Kirchdurm. Un beim Roggefeller hams an Krisdbam der is weidaus hecher wia da hechste bam in ganzn Kobernausserwald.

Liber Freind – das sag ich Dir disses Nuyork is einfach größer als Du glaubst. Dir dete einfach schlechd wern

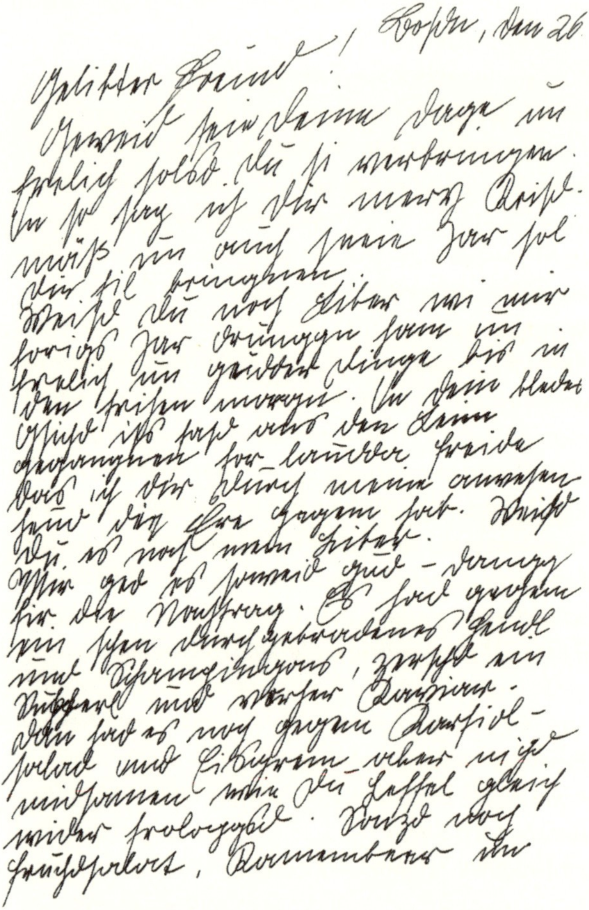

Originalbrief in Kurrentschrift

*von den vieln Ferkehr un di vieln auto un risige heiser
un viln Menschen weil Du ja nix kensd alswie dein
Madighofn und – liber freind glaub mirs das is ein
wengl ein Unterschid.
Der Birgameisder von Nuyork ged auf Schdelzn un
kann dreißig lida Bir auf ein Siz dringgn so ein großer
Man isd das.
In Nuyork gibd es aber vile große Mener di awa auch
Fraun ham un wen ahle beisammenstehn dan sagen die
Leite die Großkopfeten san wider einmal undder sich!
Aber liber Frids dich deten si ni dazulosn obwohl du
einen beachdlich grosn Kobf hasd der wirde dir nemlich
nichd fil niezn weil die Leite das nur bildlich meinen un
sin welche darundder mit rechd kleine Kebfn di was bei
uns im Infirtel ausglachd wern taten. Di schden aber eh
ni beisamen nur immer ein bar.
Liber Frids ich mus jezd daran denggn mein Erzeln zu
schdobbn un ein wenig an di Heimad zu gedenggen. Un
da mus ich fesdschdeln das es mir leid dut das ich dein
bledes Gfris nichd gleich sehe wen mir ins neiche Jahr
farn. Un so winsche ich Sieglinde, Sebb, dem Plangg
Hans und zulezd Dir das Ihr nichd draurig seid weil ich
nichd bei Eich sein kann und ich winsch Eich das Ihr
fesd an mich dengd
In der ersten Schdund des neichn Jares.*

*Dein und fir di di den Brif noch lesn
Eier Willi*

Nun, gerade dieser Brief hatte mit der Beziehung zu Wien wenig zu tun, außer dass der Adressat zwischen Provinz und Wien manchmal hin- und herpendelte, und so bezog ich mich im Schlussabsatz offensichtlich auf ein Silvesterfest, das ein Jahr zuvor im Heim eines Kollegen von der Akademie, Josef Linecker (Sepp oder Sebb), in Mattighofen stattgefunden hatte.

War die Wahl des Filserschen Idioms offensichtlich gewählt, weil im Brief der Innviertler Bezug im Vordergrund stand, so dürfte kurz nach diesem ein weiterer Brief entstanden sein, ebenfalls noch vor Silvester 1956, welcher in seiner Diktion sich nun im weitesten Sinne an François Rabelais und seinem *Gargantua und Pantagruel* orientierte.

Es ist mir nicht mehr in Erinnerung, woraus sich die Lust am Sprachjonglieren, an den Verballhornungen, den sprachlichen Bocksprüngen oder wie man diese brieflichen Ergüsse nennen will, speiste. Wollte ich in irgendeiner Weise mitmachen bei den literarischen Cabarets, den „Happenings" und Aktionen, die sich in Wien in dieser Zeit anbahnten und von denen ich mich wegen meiner Abwesenheit ausgeschlossen fühlte? Ich weiß es nicht mehr.

Und was soll die Überschrift im folgenden Brief: „vor sylvester an derselbigen stelle wo wir dieses jahr betraten"? Ein kryptischer Satz, der die geografische Wirklichkeit aufhebt.

vor sylvester an derselbigen stelle
wo wir dieses jahr betraten

teurer freund
7.963 erbe filzers
speibkübel und wehklag des alten europas
bruder in rabelais
zäune sind zaun wenn man bedenkt und wasser luft so
sich ein wort erhebt um, mitnichten zu deuten was den
schiss gold macht aber es reden die raden genug um zu
zwein so bleiben am enden doch erklecklich und diff-
telig zwillinge zweifältig und zwinslig wenn nicht ein
vogel kommt der mehr gelbe eier hat als eine woche im
jahr so noch die kalender den onkel machen und nicht
umgekehrt bei allen gestänken wer weiß was ein duft ist
oder ein versalzenes maulfleisch wie es die geographie
an deinem antlitz zu preisen vergessen hat machen die
zentner den tag nicht so trennen doch die flöhe den
speck ohne den wittwen den wittwen den wittwen
ei was löfflet deine geschwollene zunge wenn ich dir
zuruf es leben der gagapantagruelismus es leben die
gargamellannischen nächte was sagt dein herz alter
saukopf braunrand und sulleck von boston rotschweig
sauerlöffel und ginwassler reudiger mistschuh schlauch-
stecken und speckschüssel rothaariger glatzdippl und
wär ich nicht ein sparsamer mann würd ich dich noch
einen schnappsvettl oder zahnschmecker namsen oder
gar wurstbütl schweinsblau seidenküss gab ich aber
der wahrheit den vorzug schimmlige blauseuch müsst
ich dich gar alter furzknochen einen rammspeck oder

ölträufler nennen stünd dir schaumwüstige lastermatte
auch giftmaul so bleibts aber doch bei sumpfhödel

so ist kaum eine nacht da es nicht stinkt weiland erblei-
chen die sterne aber wir drehen das licht auf mittlich
reifen die frühern sie singen das macht uns dann heiter
was aber ist das schon wert wenn man bedenkt dass
ein tag zweimal anfängt und dreimal aufhört so wir ihn
schlafen lassen wer aber tuts diese frage ist würdig und
ich riete deiner hirnschüssel ein paar brocken deines
verstands zu erweichen betreffs eines fügigen kitts so sie
nicht voll schnapps ist außerdem wäre zu polemisieren
ob zwei federn auf einmal gut sind wenn man gleich-
zeitig ins kalkül zieht dass das meer nur ein wasser hat
liegst du aber viel bäuchlings so denk ob du einmal ein
schwein gewesen denn sie tun dasselbe hast aber zahn-
weh freund darf es dich wenig wundern denn du hast
dein maul mehr strapaziert als dein zahnbürstl

solltest du sonst zum jahrschluss einen rat brauchen
schreib an untere adresse fürs nächste kann ich dir
verraten werden die gemeinplätze entdeckt werden die
ich dir aufzusuchen rate was dir in deinem land nicht
sonderlich schwer fallen dürfte gsteus haben sich deine
adresse geben lassen was noch nich bedeuten muss
dass sie dir schreiben fritzi wird an deiner statt das glas
heben so 1957 hereinlassen spalt wird versucht sein hier
herzukommen sieglinde wird an dich denken sepp nicht
den plank werd ich becircen für dich einen ehrenlacher
auszulassen

so mir der wein schmeckt

aber das eine mal amerikanisch soll dich nicht verderben ich versichere dir alle tradition um so weidlicher zu pflegen auf daß dich kein verlust bedrückt so du einmal heimkehrst

das für silvester

ein band meines werkes soll dir die seel erfreun wenn schon dein magen verlaust ist er möge als zweifache drucksache mit gleicher post dich in frische erreichen und solltest du jemand unseres lands treffen so mein gruß sicher (... und das freundliche lachen der tauben wuchs in ein höllisches grinsen ...)

gruß wunsch neujahr glück gulyas krügel seidel ohne kosten und sporteln von rechts wegen

teurer freund
7.963 erbe filsers
speibkübel und wehklag des alten europas

bruder in rabelais

zäune sind zaun wenn man bedenkt und wasser
luft so sich ein wort erhebt um mitnichten
zu deuten was den schiss gold macht aber es
reden die raden genug um zu zwein so bleiben
am endendoch erklecklich und difftelig zwillinge zweifältig und zwinslig wenn nicht ein
vogel kommt der mehr gelbe eier hat als eine
woche im jahr so noch die kalender den onkel
machen und nicht umgekehrt bei allen gestänken wer weiss was ein duft ist oder ein versalzenes maulfleisch wie es die geographie an
deinem antlitz zu preisen vergessen hat machen die zentner den tag nicht so trennen doch
die flöhe den speck ohne den wittwen den wittwen den wittwen

ei was löffelt deinen geschwollene zunge wenn
ich dir zuruf es lebe der gagapantagruelismus
es leben die gargamellanischen nächte was sagt
dein herz alter saufkopf braunrand und sulleck
von boston rotschweig sauerlöffel und ginwassler
reudiger mistschuh schlauchstecken und speckec
schüssl rothaariger glatzdippl und wär ich
nicht ein sparsamer mann würd ich dich noch
einen schnappsvettl oder zahnschmecker nammen
oder gar wurstbüttl schweinsblau seidenküss gäb
ich aber der wahrheit den vorzug schimmlige
blauseuch müsst ich dich gar alter furzknochen
einen rammspeck oder ölträufler nennen stünd
dir schaumwüstige lastermatte auch giftmaul so
bleibts aber doch bei sumpfhödel

Originalbrief in Maschinenschrift

die frau

Es gehört sich nun aber, jene Person in den Lauf der Dinge mit einzubeziehen, die ich bisher nur andeutungsweise als „Frau in Wien, die nicht unwesentlich Anlass für die ‚Flucht' nach Amerika war" erwähnt habe und die ich in meiner „fragmentarischen Autobiographie", die ich im „dicken" Holzbauer-Buch von 2006 veröffentlicht habe, „die große Liebe" nenne.
In der Tat war diese Frau, die ich etwa eineinhalb Jahre vor meiner Abreise aus Wien bei einem der damals so populären, mit phantastischen Kostümen bestückten Atelierfeste kennengelernt hatte, der Hauptanlass, mich um ein Fulbright-Studium zu bewerben. Sie, acht Jahre älter als ich, war damals schon das dritte Mal verheiratet, der Erste hat sich umgebracht, der Zweite reich und (motor)sportlich, der Dritte schön und damals in Wien weltbekannt, wie man so sagt…
Ich bin ihr entwischt. Aber nachdem wir uns nach wenigen Jahren entnervt getrennt hatten – na ja, eigentlich trennte sie sich von mir –, heiratete sie einen genialen Dichter, der sich allerdings auch bald umbrachte.
Nun – wie gesagt – hatte diese Frau schon ein immenses Faszinosum für mich, der weder schön noch reich, das schmeichelt einem schon, wenn eine solche Frau mit einem nach Amerika durchbrennen will.
Aber was so nach *femme fatale* klingt, war durchaus nicht der Fall, sie hat bei all dem Hin und Her ihres Lebens immer selbst sehr – ich will nicht sagen: am allermeisten – gelitten. Das ging so weit, dass sie mir einmal anvertraute, sie wäre, als sie vor der Wahl Wien oder Amerika stand, ein wenig erleichtert gewesen, wenn ich

mit der „Andrea Doria" untergegangen wäre, denn dann wäre diese Zerrissenheit auf einfache Art aus der Welt geschafft worden.

Was mich heute ein wenig verwundert: dass von allen Herz-Schmerz-Problemen in meinen Briefen nichts zu finden ist. Sie entstanden offensichtlich in jenen Zeiten, da die Dame in Wien war, da hatte ich Zeit und die Stimmung für meine literarischen Ergüsse. Das transatlantische Hin und Her war zahlreich und fluktuierend, so dass ich mich kaum noch an den Rhythmus erinnere. Jedenfalls kam sie, nach intensivem Briefwechsel – Luftpostbriefe dauerten damals wie gesagt zwei, höchstens drei Tage – etwa einen Monat nach meiner Ankunft in Boston mit dem Schiff – ich weiß nicht einmal mehr mit welchem, obwohl mich Schiffe ja immer brennend interessierten – in New York an, Pier 42 am Hudson River, an das kann ich mich noch erinnern.

Es dauerte jedoch nicht lange, da kamen wieder Briefe aus Wien – aber nicht an mich –, und sechs Wochen später war sie wieder weg. Sie hatte ja nicht nur einen Mann verlassen, sondern auch zwei Katzen. Und da sie oft von den Katzen sprach, hatte ich manchmal das Gefühl, dass sie an der Trennung von den Katzen mehr litt als an der von dem anderen Zurückgebliebenen.

Obwohl sie nicht ungetrübt waren, hatten wir einige schöne Wochen. Ich hatte inzwischen schon den Führerschein, und wir machten mit dem Auto, das ich billigst erstanden hatte, einem Kastenwagen mit zwei Sitzen und einer hinteren Ladefläche, schöne Ausflüge in New England, bis hinauf nach New Hampshire, Vermont und Maine.

Es war Herbst, und der *Indian Summer* ist in New England von einer atemberaubenden Schönheit und Farbenpracht. Besonders die kleinen Städtchen mit ihren Häusern im *Shingle Style*, die *Greens*, die grünen Zentren mit der typischen weißgestrichenen, aus Holz gebauten Kirche und dem Rathaus, und die einfachen, aber ländlich-eleganten Restaurants hatten einen ganz besonderen Zauber. Manchmal übernachteten wir auch auf der Ladefläche im Auto, die hinteren Türen weit offen, an einsamen Ufern eines der vielen kleinen Seen, die, fast völlig unbebaut, mit glasklarem Wasser wie Augen in der Landschaft lagen.

Gut ist mir in Erinnerung, dass wir an den schönen Straßen entlang den Küsten von Maine überall kleine Fischerkaten sahen mit Schildern „Lobster 1 $ a Piece". Die Erinnerung an diese wunderbaren frischen Lobster brachte es mit sich, dass ich hierorts gerne auf Hummer verzichten kann. Aber bei jedem meiner späteren Besuche in New York verabsäumte ich nicht, in der Lobster Bar in der Grand Central Station diese Erinnerung aufzufrischen. Wenn man Glück hat, bekommt man einen um das Zwanzigfache.

Ich war bestrebt, einen gewissen Lebensstil zu bieten, denn die Dame war ja an ein gehobenes Niveau gewöhnt, nicht unbedingt durch den Gemahl, sondern durch die Beteiligung am elterlichen Geschäft, auf deren Erträge sie natürlich nicht zurückgreifen konnte, da die Eltern nicht besonders glücklich über den – wie sie meinten – flatterhaften Umgang mit Männern waren. Da war es naheliegend, dass ich mir einen Job suchte, den

New England, 1957

ich dann bei Hugh Stubbins fand, in einem angesehenen Architekturbüro, das gerade die bekannte Kongresshalle in Berlin gebaut hatte, die „schwangere Auster", wie sie die Berliner nannten. Stubbins war auch Chairman des Architecture Department der Harvard University, also ein bedeutender Mann. Aber wie das halt manchmal so zugeht, hatte gar nicht er die berühmte Halle entworfen, sondern ein Mitarbeiter namens George Conley, den ich hier besonders erwähnen will, weil es sonst nie jemand getan hat.

Ich konnte sehr bald selbständig arbeiten – eine Spezialität im Büro Stubbins, dessen Prinzipal sich hauptsächlich damit beschäftigte, die Entwürfe der Mitarbeiter zu bewerten und zu begutachten. Der doch sehr hohe Zeitaufwand für das Studium am MIT und für die Arbeit bei Stubbins brachte es natürlich mit sich, dass das Zusammensein mit meiner Gefährtin nicht immer harmonisch verlief oder, sagen wir, sich in zunehmendem Maße reduzierte. Sie hatte viel Zeit zum Grübeln und Nachdenken, und so kam es – für mich überraschend, aber den Umständen entsprechend vielleicht nicht überraschend –, dass sie mir eines Tages eröffnete, sie müsse wieder zurück zu Mann und Katzen. Und wann? „Heute."

Darauf zwei Stunden versuchte Erklärungen, Beteuerungen, zum Schluss beiderseitige Devastation. In zwei Stunden ging der Zug nach New York. Zum Schiff am Pier 42 habe ich sie nicht mehr begleitet. Aber schon am nächsten Morgen, das Schiff dürfte irgendwo in der Nähe von Neufundland gewesen sein, kam ein Anruf: Sie wisse nun, warum sie nach Hause müsse, und sie käme ja wieder etc. etc. Offensichtlich doch wieder einmal hin- und hergerissen – und das noch leidend!

Zugegeben, es folgten schlaflose Nächte, in denen mir Dostojewskij ans Herz gewachsen ist. Da ich eh nicht schlafen konnte, las ich fast alles von ihm, von *Schuld und Sühn*e (heute, glaube ich, wird es unter dem Titel *Verbrechen und Strafe* gehandelt, was ich viel schlechter finde) bis zu den *Brüdern Karamasow* und dem *Totenhaus* – wahrlich die richtige Lektüre für einen leidenden Mann.

Aber bald kamen wieder Briefe – sie lasse sich jetzt scheiden, deswegen habe sie nach Wien zurück gemusst, sie komme wieder, aber man wisse nicht so genau, wie lange so etwas dauert etc. etc. Und so wurden Wien, die Freunde dort und die Vorstellungen, was da alles passierte ohne mich, zum Zentrum meiner Gedanken und Sehnsüchte. So ganz allein bleibt man aber auch nicht in einer Stadt, in der drei große Universitäten zuhause sind. Und so schleicht sich manchmal der Gedanke ein, na ja, wenn sie nicht mehr käme…

ein büchlein
weißer unbescholtener blätter

Der nächste Brief an Fritz Achleitner, der erste im neuen Jahr, schließt durchaus wieder an jene exaltierte, Rabelais verballhornende Diktion an, mit der der letzte, noch im Jahr 1956 geschriebene aufgehört hat.

im jar 1957

Theurer, gargantuinischer
Ausschweifling, grober Hosenmatz
Freundling,

Dank und Angedenken sei Dein fuer Wunsch und Brief
die mich in großer Freude mit eiligster Post erreichten.
stenvuebifnw.

Die Tage werden laaaaaaaaaaaaaaaeeeeeeeenger und
die Naechte krrrz – und das ist gut so. Denn so ich nur
bei Tag die Maschine ergreifen und schreiben kann so
hat es nun das schicksal gewollt dass ich Dir auf Deine
traufenden und undichten Unwahrheiten und giftigen
luegnereien das entsprechende Wahre zur Antwort
erteile. xsifbdne dnbend

So sei es denn und lass uns das allen und dem Hoechsten Gefaellige werk beginnen und preise den gerechten
der Feuer und Hoelle auf den Ungerechten speit. Worte
Werden Sauer So Man Sie Nicht Suesst und ein Ei des
Teufels aus ihnen Ziehen kann. Und Jede Regel Wird
zur hundsfoettischen Schaumschlaegerei Wenn der
Unwillige sie anfasst und Dreckbartel betreibt. Und so
Ich das Liebliche Werk beginne Moechte ich Dich ganz

dem Hoechsten untertan und in Aller Eilfertigkeit und Mit der Macht des Wortes geziemender und Angemessener Bescheidenheit einen Katzenfurz nennen, nein nennen. rndvekgjrigfievfkfbehvnfi

So jedes Werk einen Aufbau hat und hier Dies und dort das gesagt sein will – alles wohlabgewogen und Gesponnen – zusammen getan und auseinandergehalten gefasst und getrennt, verflochten und gloest, verdichtet und verduennt – alles wohl nach den Gesetzen und Geboten der allerhoechsten Kunst gestaltet sein will, so sei es auch hier und sei dies vorhergenannte als wohlangemessene Introduktion gegeben.

So Du aber, Entfernter, ein Gefuehl in Dir aufkommen lassen koenntest das Dir sagen moechte es sei in Dieser oder jener Richtung zu wenig gesagt so will ich Dich noch einen kleinen stinkigen Scheissvogel benamsen, wobei das vorangesetzte Verbum keineswegs intentiert, Deine in der Tat nicht aus dem unteren Rahmen Fallende Groeße Deines Corpus idioticus in dieser oder jener Richtung ungebuehrlich zu apostrophieren, nein, Theurer, es soll nur verhindern eine Kraft des Wortes aufkommen zu lassen die an dieser Stelle der composition nicht zutraeglich waere so Du bedenkst dass es sich doch um eine einleitende Intrudoctia handelt.

Alles ist in Bewegung – Dieser Spruch unserer Vorvaeter bewahrheitet sich in der aller schoensten Weise an der Fluessigkeit die Du in dem schoensten aller erhabenen Gefuehle, dem Durst, an den Mund setzt mittels einem anderen Gegenstand der so wahrlich und wahrhaftig unsere Anbetung verdient – der Flasche. Ei, welch Zimbelschlagen und Posaunenblasen, welch Engelsgesang dringt da an Dein Ohr.

Und doch kann ich nicht verweilen hier, so gerne ichs moechte.
Alles ist in Bewegung sagte ich und die Luft wird und alles draengt auf den Augenblick hin wo ich der dicken Luft freien Lauf lassen kann, wo das Gesetz aufhoert Gesetz zu sein wo alle Hemmungen, Stile und Weltanschauungen, Geistesrichtungen und Kochrezepte, Regeln ueber die beste Art und Weise den Arsch auszuwischen, wo Regeln der Grammatik und des guten Benehmens, der Physik und der Kunst zu lieben, der Ballistik und des hyperbolidaren konzentrischen Verkehrs zwischen dem maennlichen und weiblichen homo sapiens – kurrrz, wo alles logische und einleuchtende, alles wesenhafte, seinsgebundene wegfaellt und ich Dich in aller Herzhaftigkeit einen Lausluemmel, Wanzenschrck, Kaesewanst und einen Bimmelbemmel heißen kann.

Wo es moeglich wird Dich einen 3536295 mal verdammten Fliegenschiss und Scheissfliege zu rufen und noch nicht am Ende angelangt zu sein, wo ich vielmehr fortsetzen kann mit Drachenlecker und Suhlvogel, parieren mit Saudorl, repetieren mit Schweinszipfel,

Kruspenbaer und Dittldattl, agressieren mit Bierzumpf, odorieren durch lochzapfen und Schaummaul um nicht das gewoehnliche Foamfotzen zu benuetzen – skalpieren mit Hirnspatz und Nasendreher, schliesslich firnissen mit Hilfe von Zapfenschwein und dem schon einmal erwaehnten Schweinszipfel.

Theurer Freundling, wir haben nun viel erlebt zusammen, sind durch gar mannigfaltige Gebiete gezogen, haben gar mannige Freuden erlebt, haben Dir gar viele und theuere Namen angenamst – der uns allen liebenswerten Wahrheit zu Ehren, haben eitel die Compositio im Auge behalten, wohl auf Steigerung und Schwaechung bemessen, auf Pausen und Ffffortissssimo eitel achtgegeben – und o, was noch alles zu sagen uebrigbleibt. O, O und Oh. o.

Selbst Kentauren koennen Unmoegliches nicht nur durch 24.478 Beine wettmachen und alles Bemuehen um die Vereinigung Dieser und Jener, Anderer und Vorderer, insbesondere von Hinten und von Vorne, nicht so sehr von der Seite – vollkommen undenkbar von Unten erscheint im Hinblick auf die Verschiedenartigkeit Dieser und Jener wenn nicht unmoeglich so doch im hoechsten Grade fragwuerdig – zumindest aber aussergewoehnlich und ausserordentlich.

Theurer Freundling, was ich zu Anfang des vorstehenden von Dank geschrieben hab ist bewusst und ausschliesslich in gewissen und besonders beschraenkten

und eingeengten und eigens zugeschnittenen Grenzen gehalten worden – um hier nochmals und eigens mit besonderer Eleganz die gebuehrende Erwaehnung zu finden.
So ist es dass ich Dir nochmals zu danken habe fuer ein Buechlein weisser unbescholtener Blaetter die ein allzu hartes Schicksal mit dem Bedruktwerden bestrafte. Format und Qualitaet besagter Blaetter ist von erlesener Qualitaet die Bindearbeit aeusserst erlesen und mit achtenswerter Muehe ausgefuehrt – alles in allem ein hoechst erfreulich Ding. An manchen spaerlichen Stellen sind vereinzelt worte vorzufinden, die widerum in auswahl und anordnung ein ueberaus huebsches Bild ergeben. Dass sie darueberhinaus die Faehigkeit haben wesentliches auszudruecken – dafuer, Freundling, sind wir ihnen, diesen kleinen unscheinbaren worten zu unaussprechlichem Dank verpflichtet. Dank, Freundling, erhabensten Dank.

Zeit ist zu scheiden – hiezu ein ruhiges durch den Weltenlaerm und das Weltengetriebe unberuehrtes, sanftes

                                          Serwas

Ein unwiderruflich letzter Gruss an Deinen Associo

Das „Büchlein weißer unbescholtener Blätter", das ich in meinem Brief erwähne, ist leider bis heute verschollen. Ich bin überzeugt, es existiert noch irgendwo, denn so ein exquisites, in rotes Leder gebundenes Büchlein kann nur irgendwo einen neuen Liebhaber oder eine Liebhaberin gefunden haben.

In dem 1959 herausgekommenen Band *hosn rosn baa*, einem damaligen echten Bestseller von Achleitner, Artmann und Rühm, schrieb Heimito von Doderer in seinem Vorwort: „Die Geschichte der neuen Dialektdichtung in Wien ist sehr kurz. Sie umfasst kaum zweieinhalb Jahre. Im Januar 1956 erschienen erste Proben von H.C. Artmann und Gerhard Rühm... von allen drei Künstlern steht er (Artmann) dem Regionalen der Heimatdichtung am nächsten... und doch ist sein Weg zum Dialekt im Grunde der Gleiche gewesen wie bei dem massiven Achleitner und dem scharf profilierten Rühm. Diese beiden sind freilich weitaus konsequenter." Der letzte Satz dieses Vorworts lautet: „Hier, wie schon in nicht wenigen Stücken Achleitners, wird die eigentliche Kunstgesinnung dieser neuen Wiener Dialektdichtung ganz offenbar."

Ich bin überzeugt, einige dieser Gedichte aus *hosn rosn baa* sind auch schon in dem erwähnten kleinen roten Büchlein enthalten. Auf was sonst träfen die Worte von den „spärlichen Stellen", an welchen „vereinzelt Worte" vorzufinden sind und welche in „Auswahl und Anordnung ein überaus hübsches Bild ergeben", besser zu als auf eines jener Gedichte aus Achleitners *obdaennsa* wie auf folgendes:

wos

wos
na
ge

ge
na
wos

na
wos
ge

ge
wos
na

wos
ge
na

na
ge
wos

Es war auch ein Gedicht aus dem Büchlein, das mich zu einem weiteren Brief aus Amerika inspirierte:

> oa moe
> oa moe richdög
> oa moe richdög schaissn
>
> auf an boisdaddn brödl
> auf an boisdaddn

Die Tiefgründigkeit dieser fünf Zeilen über ein wahrhaft epochales Thema provozierte mich zu einer philosophischen Abhandlung. Der Brief tastet sich nur langsam mit einer wortreichen Einleitung an den Casus belli heran – das gepolsterte Scheißbrett.

das gepolsterte scheißbrett

L ieber, Verehrter Fritz,

zweifellos ist dieser Brief nicht nur ein Ereignis weil es die Blitze aller dieser so edlen Gefuehle ausloest oder weil damit die juengste aller Schreibergenerationen zu Wort (zu Papier) kommt, nein nicht wegen aller dieser nichtswuerdigen banalen Gruende wegen, sondern vor allem deshalb – vor allem deshalb mein freund – deshalb – nein auch deshalb – weil es sich in dieser jener beinharten, knochenharten – jener verknoecherten verbeinten, verrippten und harten – o wie harten Atmosphaere eines – wie eben gesagten – beinharten Konservatismus vollzieht, pardon, geschrieben wird – jawohl geschrieben – er, der Brief – in jener beinharten Atmosphaere in der jegliche Zugestaendnisse, sei es im Sinne eines entwuerdigenden Jasagens zu Fragen deren Laecherlichkeit man laengst aus den Normen ueblicher Fragwuerdigkeiten entfernen kann sei es in der Frage der aesthetischen Formgebung des Teegebaecks, der Geschmacksaesthetik sogenannter – und verzeih mir hier meinen Amerikanismus – candiebars oder sei es auch nur in der fuer uns alle wichtigen, wenn auch unbedeutenden Frage der gesetzlich gueltigen Laenge brauner Schnuersenkel – doch verzeih mir, Freund – meine Leidenschaft in gerade dieser Frage reisst mich zu Unbedachtheiten.
Doch zurueck zu unserer beinharten Verbeinerung – in ihr ist viel viel viel von Tradition die Rede, von allen Gebeinen die jemals mit einer fortschrittlichen Knochensaege geschnitten wurden, von gebeinen, Gebeinen sag ich Dir, die mit eiserner Konsequenz ein-

fach zerschnitten wurden – und was glaubst Du wohl warum, warum glaubst Du wohl? Alle diese Myriaden von Gebeinen, Knochen, Banern, Bandln, Baaandln, ausbaaandldn Baanern wurden nur zerschnitten und zersaegt um endlich – endlich wieder einen Anschluss an die gute – und ach wie gute Tradition der Knochensaegerei zu finden. (Rufzeichen)
Und es passierte, Gottlob passierte es, dass man dabei zu einer Klarheit kam und zu einer Einfachheit, die bis ins letzte Detail geht – sozusagen bis ins Knochenmark, mit keiner Tendenz zum Lieblichen – wo sollte die auch bei soviel Knochen herkommen. Und nicht nur Klarheit und einfachheit – auch mit kuehler Wuerde wurde dabei vorgegangen. Diese Kuehlheit kann jedoch auch in Waerme verwandelt werden die sich ihrerseits wiederum in die Kuehle mischt, was, wie jedes Kind weiß, aeusserst angenehm ist, zumal in dieser Klimaanlage aeusserst sinnreiche Vorrichtungen dafuer angebracht sind dass diese Kuehle nie zur Kaelte wird – was, wie wiederum jedes Kind weiss, eher unangenehm waere. Die „Heimatlichkeit" die ein nicht unwesentlicher Bestandteil der ganzen Anlage ist, kann auf „Durchstroemen" oder abgleiten eingestellt werden.
Nun, lieber Fritz, an diesen Beispielen siehst Du wohl nur allzu deutlich, dass Deine Theorie der Enthaltsamkeit, der Enthaltsamkeit um jeden Preis, richtig ist, dass sie symbolhaft ist, mit einer symbolik, die schon fast ans religioese grenzt. Wir anderen sind hiezu ja doch nicht mehr faehig. Diese Deine Theorie muesste uns allen bestaetigen, dass man Gott einen guten Mann sein

lassen kann, ohne in eine hoffnungslose Problematik zu geraten, dass man einfach saufen kann nach bester Kunst und bestem Wissen wie es schon viele Generationen vor uns getan haben und gerade die der ersten und alten Germanen.

Diese einfache Feststellung, die ja eigentlich nur eine ganz schaebige hundsfoettische Behauptung ist zu der man alle heiligen anrufen muesste um ihren Wahrheitsgehalt auch nur an dem letzten Innviertler Dorftrottel anzuhaengen, diese stinkige Behauptung beruehrt eine der heikelsten Fragen – das Scheissen auf gepolsterten Brettern. Inwieweit ist das Scheissen auf gepolsterten Brettern etwas anderes als profanes Scheissen? Diese harte Formulierung trifft schon mehr, jedoch macht sie noch lange nicht das ganze Ausmass dieses Problems sichtbar. Vielleicht aber loest sich diese Frage einmal von selbst, wenn wir durch mutvolles dauerndes Ueben in dieser Hehren Kunst wieder imstande sein werden, das Scheissen in seiner Ganzheit zu sehen und das Schoepferische daran als die Veraeusserung unserer – und besonders Deiner, lieber Fritz – aesthetischen, moralischen, finanziellen Existenz zu sehen.

Wie wir auch an der frueheren Geschichte erkennen, war die Gestaltung des Scheissbrettes (lat. „sceiscullum", im althochdeutschen „schitbrett") einfach die hoechste Konzentration aller bildnerischen Kraefte. Hiebei sollte ich erwaehnen, dass dieses Problem auch in unseren Raeumen ein uraltes ist, hat sich doch vor kurzem ein altes Innviertler Manuskript gefunden, das in dem hektisch und ekstatisch ausgerufenen Wunsch

nach einem gepolsterten Scheissbrett gipfelt.
Es entsteht also die Frage ob die Zeit, in der das Scheissbrett entsteht, ueberhaupt den wirklichen Wert dieses segensreichen Dinges, ich meine den Gehalt, den spirituellen Gehalt bestimmen kann.
Jedoch, lieber Freund, damit nicht genug – kein Brett ohne die dazugehoerigen vier Waende (die nur in Zeiten groesster Bedraengnis unterlassen werden sollen). Der Raumgedanke kann sich unter dem Druck – der ja zu einem erfolgreichen Gelingen unbedingt notwendig ist – wohl nie ganz erwehren. Die Notwendigkeit liegt an diesem Ort immer nahe und die Versuchung ist zu gross, dass die Frage nicht mehr um Ja oder Nein geht, gepolstert oder nicht gespolstert, sondern einzig und allein die Kraft des Druckes entscheidet. Und der ist ueberzeugend. Die abstrakte Frage der Licht- und Raumsteigerung sollte, da wir ja keine barocke theatralische Geisteshaltung haben sollten, ueberhaupt nicht angeschnitten werden. Da das reine Beduerfnis staerker ist, wird diese Frage immer mehr an Bedeutung verlieren. Problematisch und fuer eine neue Anlage niemals zu empfehlen ist eine zentrale Sitzbrettanbringung. Platzmangel und Gebundenheit in der Ausdehnung sollte niemals eine Entschuldigung fuer solch ein bloedes saudummes trottelhaftes Beginnen sein. Wuensche das Sitzbrett ins Zentrum der Gemeinde zu bringen sind unsittlich und rein intellektuell. (Diesmal Rufzeichen) Symbolismus ist hier fehl am Platz. Bei einer grossen Gemeinde waere das nur dann moeglich wenn die Oeffnung uebermaessig gross ist und an vier Seiten der Akt

vollzogen wuerde. Der entstehende hier nicht exzentrische Mittelpunkt jedoch stinkt. Die geruchsmaessige Konsequenz ist ziemlich deutlich.
Das eine ist „schoen", das andere tut weh, scheint das eine gescheit so ist das andere gut, und das uebrige ist nicht mehr als im Fertigwerden.
Nun lieber Fritz, bei aller Noergelei, das ist die Bedeutung daran – es ist papier – und das ist nicht zuletzt das Verdienst der Papierfabrik, der Hadernsammler, der Altwarenhaendler, der Druckerei, des Verlegers, des Setzers, der Papierfabrik, der Hadernsammler, der...ja das geht immer so fort – fuer Reihenfolge wird keine Gewaehr uebernommen.
Unddankschenfirdieschenengedichde
                                                   Dein lieber Freund

Jammerschade, dass „Achis" Antwort unwiederbringlich verloren ist. Es wäre denn doch reizvoll zu wissen, wie er auf meine Interpretation seines kleinen Meisterwerkes reagierte. Ebenso verloren ist seine Reaktion auf mein Briefdrama mit dem Titel *Der Achenbecher*, das leider kein Datum trägt, also überall in diesem Büchlein seinen Platz finden könnte, wieso nicht hier. Offenkundig war ich vom literarischen Aufschwung meines Freundes hingerissen und traute mir auch die Gattung Drama zu, gar eines mit 21 Akten und 3647463547 Bildern. Vielleicht nahm ich im Schluss auch schon den Abschied meines Freundes von der Architektur vorweg, der sich während meiner Jahre in Amerika anbahnte.

der achenbecher

Drama in 21 Akten und 3647463547 Bildern

1. Akt
A.   AAAAAAAAAAAAAAAAAAAAAAAA
(schreit – mit kurzem, abgehacktem H als Endlaut)
G.   *(indigniert)* So nicht doch. –

2. Akt bis 10. Akt
*Jeder Akt wird vollkommen gleich dem anderen gespielt
– 9 mal*
A.   *(mit großem Kopf, dickem Hals und beginnendem
Kropf, kurzen aber festen Beinen, viel zu weiten Hosen
und leicht, aber rhythmisch schwankendem Gang)*
O wesenhaftes Sein – O SEIN – O MEIN SEIN –
O Wein *(trinkt in schoener, gemessener Haltung
und langen nachwirkenden Schlucken)*
G.   *(tritt auf in langen, militaerisch knappen Schritten,
Oberkoerper leicht nach vorne geneigt, in der rechten
beringten Hand eine Aktentasche – bleibt knapp vor A
stehen)*
Serwas Fritz –

11. Akt
A.   Architektur ist die Erfuellung eines von der Natur
geforderten unabdingbaren Zustandes der durch das
*(haelt ploetzlich inne die Grossbuchstaben auszuspre-
chen)* bewusstsein des menschen zu ihrer funktion
gebracht wurde und demnach ihren direkten und
indirekten einfluessen aus diesem und jenem grund ihrer
funktion beraubt wird und durch proportion und masse

auf ihrem urspruenglichen zustand durch die hinzu-
ziehung so wesentlicher elemente wie dem des schwer-
gewichtes und der trinkfestigkeit strukturelle wichtig-
keit gewinnt. das indirekte resultat aus vorgenannten
einfluessen die ihre einfluesse aus eben diesem einfluss
einfliessen lassen, laesst alle anderen arbeitsgruppen
nicht und ueberfluessig werden
G. *Sehr gut, Fritz –*

12. *Akt bis 20. Akt*
nicht alle gleich – aber jeder Akt gleich dem vorherigen
G. *Ein Mensch ist ein Mensch –*
A. *Jaja*
G. *Zwei Menschen sind auch ein Mensch*
A. *Jaja*
G. *Man muss ein Mensch werden.*
A. *Jaja*
G. *Die Architektur muss nicht nur menschlich werden*
– sie muss s e l b s t zum Menschen werden –
A. *Jaja (mit diesen schicksalshaften Worten endet das*
Drama)

Nachspiel – auch 21. Akt genannt
A. *(sitzt bruetend ueber einem Blatt Papier, weisses,*
schoenes unbesudeltes Papier, vor ihm liegen drei kleine
Zettel, der erste Zettel traegt das Wort „Stein", der
zweite „Nacht", der dritte Zettel „Tod". A ist damit
beschaeftigt, die Zettel auf dem Papierblatt an die ihm
richtig erscheinende Stelle zu ruecken)
Fixsakra –

In diese literarische Phase passt auch ein Briefgedicht, hier als Faksimilie abgedruckt, auf dem zwar der Monat verzeichnet ist, nicht aber Ort und Jahr. Es dürfte aber in denselben Zeitraum fallen wie das Drama:

```
                                        Heute   den   25738. Aprilio

Du Freuhd Du  . Du Freund *  Freund Du
Du Du Du     Dudu  Du d u

Seifenblase

              blase      blaeser

Stein  Stein

Bein Bein

Bana Stana
Stana Bana
Bananastana
Stanabanabanana
                                  Stein  Schwein

                                                      Du

Seifenblase

              blase      blaesser
bleichen weichen     leichen bleichen scheissen

Scheiss

        gak  gak
                             kakakakakakakakakakakakakakak


                                             U.   Uhu


Kalamitaetenschweinsblasenseifenschmierervogelbader
```

go west!

Das Leben in Boston zog sich für mich in fast bürgerlichen Bahnen dahin, mit dem „Studium" am MIT, das in der Hauptsache aus der Arbeit am Wettbewerb für die Sidney-Oper bestand, aber viel mehr noch in der Tätigkeit als immer mehr gefragter Perspektiven-Zeichner für verschiedene Bostoner Architekturbüros.
Kurz vor Semesterschluss kam ja auch die ferne Frau aus Wien zurück. Das bedeutete, dass ich wieder einmal die Passage zu zahlen hatte. Da wir zwei „Partner" in der Affäre jeweils nur Stunden vor ihrer Abreise informiert wurden, lag es an uns, für die jeweiligen Reisen von Wien nach Amerika und vice versa aufzukommen. Also nach Amerika ich, nach Wien der Mann in Wien. Vom wohlhabenden Elternhaus und der Beteiligung an dem elterlichen Betrieb war aus verständlichen Gründen nichts herauszuholen.
Es bestand nun aber auch der fixe Plan, nicht sofort nach Wien zurückzukehren, sondern noch ein Jahr in Amerika zu bleiben und bis zur Westküste zu reisen. Natürlich konnte ich noch so viele Perspektiven zeichnen, das Geld für so ein Vorhaben würde nicht zusammenkommen, obwohl der Preis für meine Darstellungen ständig stieg. Zum Beispiel: Eine in Gouache ausgeführte Zeichnung für das Projekt der amerikanischen Botschaft in Taipeh des Bostoner Architekturbüros Anderson, Beckwith and Haible, drei Tage Arbeit, brachte 600 Dollar – für mich damals, 1957, ein im Vergleich zu den Wiener Einkünften astronomischer Betrag.
Um die Reise zu finanzieren, war es nötig, für das kommende Jahr eine andere Quelle zu suchen. Für Absolven-

ten der Graduate Class des MIT war es ein Leichtes, an einer amerikanischen Universität einen Job als Lecturer oder Assistant Professor zu finden. In der großen Eingangshalle des Hauptgebäudes des MIT hingen unzählige Angebote – die meisten natürlich für Physik, Chemie und die beginnende Computertechnologie, aber eben auch einige für Architektur.

Das mit dem kürzesten akademischen Jahr und dem höchsten Salär war von der University of Manitoba in Winnipeg, noch dazu in der Mitte des Kontinents gelegen, da konnte man die Reise in zwei Etappen durchführen. Meine Bewerbung wurde umgehend akzeptiert – wer will denn sonst in die Eishölle in der Mitte Kanadas, wenn dafür nicht bestimmte Gründe vorhanden sind?

Es war Ende Mai, und das neue akademische Jahr würde erst Anfang Oktober beginnen. Also Zeit, auf die Reise zu gehen. Mit dem Kastenwagen, einem Chevrolet, Richtung Westen! Die materiell verwöhnte Reisebegleiterin spielte mit, in billigen Motels zu übernachten und sich von Fastfood zu ernähren. Wir hatten viel Zeit, und das Geld musste reichen bis zum ersten Gehalt von der Universität in Winnipeg.

Es wurde dann zu einer Art Sightseeing-Tour mit landschaftlichen Höhepunkten wie den Niagara Falls und den architektonischen Meisterwerken, die zu besuchen ein Traum war und die man ja nur aus den einschlägigen Zeitschriften kannte, die in den *American Information Centers* in Salzburg und Wien auslagen.

Etwa in der geografischen Mitte unserer Reise kam es zu einem Besuch bei der Schwester von Fritz Kurrent in

Niagara Falls, 1957

einer kleinen Stadt in Wisconsin unweit von Frank Lloyd Wrights „Taliesin", seinem die ganze Landschaft beherrschenden Ansitz. Den unmittelbaren Eindruck der bisherigen Reise habe ich von dort an Kurrent geschrieben, in einem Brief, den ich ebenfalls zu meinem 80. Geburtstag von Fritz zurückerhielt und der begann mit: „Lieber Fritzi, hier sitz ich nun bei Deiner Schwester – und es ist sehr gemütlich – ich hab sogar ein Photo gesehen von Dir mit neuer Frisur." Dann die unmittelbar erlebten Eindrücke von dieser Reise: „Gleich vorneweg – der Wright ist phantastisch. Aber der Reihe nach... bis Detroit gibt es ja nichts – dort sind dann die General Motors Werke vom jungen Saarinen. Leider kann man sie nicht genau besichtigen, man wird nur in einem Auto hindurchgeführt von einem Public-Relations-Mann – das dauert ca. 10 Minuten... Aber dadurch dass die Besichtigung so schnell gehen muss, hat man von dem Ganzen nicht mehr davon, als dass man sich in Publikationen besser zurecht findet. Von Detroit sind wir nach Chicago – am ersten Tag waren wir in Oak Park, das ist das Viertel, in dem Wright in den ersten Jahren gelebt hat, mit ca. 20 Häusern, die wir alle gesehen haben – und der Unitarian Church aus dem Jahr 1908... Irgendwo ist natürlich die Erinnerung an Otto Wagner... Überhaupt – und das hab ich dann noch bei allen anderen Bauten Wrights bemerkt – ist da fast kein Punkt, der nicht stimmt – in jedem kleinsten Teil –, wenn auch oft noch so kompliziert, so hat man niemals ein Gefühl des Zuviel."

Und so geht es weiter mit der Eloge auf das Werk von F. L. Wright. Ganz anders, wenn es auf die Bauten Mies van der Rohes kommt: „Die Kapelle im Illinois Institute of Technology, von der wir in unserer Ausstellung so schöne Photos hatten, ist bei Tageslicht und in Wirklichkeit eine Farce. Ich weiß zwar, dass Ihr durch Wachsmann ‚für die Architektur' ein wenig verdorben seid, aber ich würde mir wünschen, dass Ihr diese schmutziggelben und schmutzigbraunen Blöcke seht."

Die Mies'schen Lake Shore Drive Towers fanden mehr Anerkennung durch den etwas präpotenten Kritiker: „Sie sind imposant von der Distanz, und die zwei ersten – jetzt sind es schon vier – sind überhaupt sehr schön mit dem schwarzen Skelett und den weißen Vorhängen, die überall verschieden geschlossen sind. Wenn man sie von der Nähe betrachtet, sieht man, dass die Leute alle möglichen Sachen anbringen, um sich vor der in Chicago im Sommer fürchterlichen Hitze zu schützen." Dann aber noch die wohlwollende Feststellung: „Seine Barcelona-Sessel sind wirklich herrlich." Zu dieser Zeit hatte in Wien noch keiner einen in der Wirklichkeit gesehen.

Dann kommt wieder der göttliche Wright: „Dann weiter nach Racine – Johnson Wax Building. Der große Saal mit den Pilzen ist einer der schönsten Räume, die ich je gesehen habe. Die Meisterschaft, mit der Wright Räume, Formen und Materialien bewältigt, ist so unerhört, dass ich betroffen war. Und gestern waren wir bei der Kirche in Madison und in seiner Sklavenfarm ‚Taliesin' in Spring Green, Wisconsin. Er lebt dort wie ein römischer Potentat auf riesigem Landbesitz, mit einer Schule, wo seine Sklaven seine Projekte zeichnen und dafür noch bezahlen, mit Schlaf- und Essräumen, mit einer Farm – sein

Wohnhaus etwa zwei Meilen davon entfernt, auf einem Hügel, der über den ganzen Besitz schaut. Das Imponierende ist, wie Wright sein ganzes Leben mit seiner Architektur in Einklang bringt, dass er sich eine Umgebung schafft, die seine ureigene Welt ist."

Der Brief bezieht sich im Folgenden noch auf einen Brief Kurrents über die Bauausstellung in Berlin und schließt mit einem Hinweis auf die Kirche in Salzburg-Parsch, unseren ersten Bau, der gerade eingeweiht worden war: „Ich freu mich schon, wenn ich eine Broschüre von der Kirche krieg."

Einweihung der Kirche Parsch, unser erster Bau

winnipeg

Die Reise ging weiter nach Winnipeg, nach Norden durch Wisconsin und Minnesota, nicht gerade Landschaften, die durch irgendwelche Naturschönheiten bekannt sind, aber schon einen Vorgeschmack geben, was man von Manitoba erwarten kann. Die Ankunft in Winnipeg beschrieb ich in einem weiteren Brief an Kurrent: „Ich sag Dirs, Du machst Dir keinen Begriff, wie schiach dieses Winnipeg ist. Als wir von Deiner Schwester wegfuhren, begann es zu regnen, und die ganze Fahrt bis hierher hat es nicht mehr aufgehört. Das Geld war auch ausgegangen, und so sind wir mit 10 $ bei Regen in dieser scheußlichen Stadt angekommen. Der erste Gedanke war: Auto verkaufen und schleunigst wieder wegfahren."
In den Erinnerungen, die ich in dem im Jahre 2006 erschienenen „dicken" Holzbauer-Buch niederlegte, habe ich die damaligen Erfahrungen offenbar in einem wesentlich positiveren Sinn gesehen: „Winnipeg – bei der Ankunft an der Universität überwältigende Hilfsbereitschaft und Gastfreundschaft der Mitglieder des Lehrkörpers. Aufnahme in deren Heime, ‚bis man etwas fände'. Der Zufall wollte es, dass Wilhelm Kaufmann, der bekannte Salzburger Maler, der damals in Winnipeg wohnte und von dort aus seine Streifzüge in den nur von Indianerstämmen bewohnten Norden Kanadas unternahm, gerade nach Europa aufbrach und wir seine Wohnung übernehmen konnten. Die Studenten waren völlig anders als am MIT, meistens *tough Canadians*, und zum Kontrast ein paar wunderhübsche Chinesinnen, Töchter von Mainland-Chinesen, die es nach der Flucht hierher

Das neue Auto, ein Plymouth, Minnesota, Sommer 1958

verschlagen hatte. Die Studenten waren etwa gleich alt wie ich zu dieser Zeit, und ich war regelmäßig zu ihren Partys eingeladen. Die Beschaffung hochprozentiger Getränke stellte unter der relativ strengen Prohibition in der Provinz Manitoba ein eigenes Problem dar." Dazu noch einmal aus dem Brief an Kurrent: „Das tollste hier sind die Alkoholgesetze – der wird naemlich nur in staatlich kontrollierten Laeden verkauft, die so trostlos sind und absichtlich unauffaellig, dass man keinen findet und selbst wenn man die Adresse hat, daran vorbeigeht. Wenn man dann gluecklich drinnen ist, muss man einen Zettel ausfuellen mit Namen und Adresse und was man will. Damit muss man dann zu einem vergitterten Schalter gehen, wo man verschaemt seinen Zettel durchschiebt. Dann endlich kriegt man an einem anderen Schalter sein Flascherl ausgefolgt. Wenn man dann draussen auf der Strasse ist, hat man ein Gefuehl, als wenn man etwas Verbotenes getan haette."

Die logische Folge war, dass die Partys immer in maßlosen Saufgelagen endeten. Ein beliebtes Duell bestand darin, dass zwei Kombattanten je eine Flasche Whisky in Angriff nahmen, Sieger war, wer sie zuerst aussoff, auch wenn er zu dieser Zeit bereits unter dem Tisch lag. Die Duelle mit mir liefen anders ab, da ich als Waffe auf Wein bestand, den sie kaum kannten und auch kaum vertrugen. Die Auswahl in den *Government Controlled Liquor Stores* war zwar mager, aber doch gelang es mir, einen passablen Mountain White Chablis zu finden.

Auch hier wieder die Arbeit an einem großen internationalen Wettbewerb: „Hauptstadt Berlin", ausgeschrie-

ben vom Westberliner Senat – eine rein politische Geste, denn zwei Drittel des Wettbewerbsgebietes, darunter die ganze Berliner Mitte, waren im Ostteil auf dem Gebiet der DDR, über das die Westberliner Regierung gar keine Verfügungsgewalt hatte.
Und auch hier wieder das alte Spiel der Gefährtin: Abreise nach Wien und Rückkehr nach zwei Monaten, diesmal halt mit dem Flugzeug. Aber das war ja schon Routine, außer dass sie nun geschieden war.
In diese Zeit fällt auch ein Brief aus Winnipeg an Achleitner, der einzige, der von dort erhalten ist und der diesmal ohne jede literarische Attitüde ist. Auszüge aus diesem Brief – kurz vor dem Antrag zum zweiten Teil der „Amerikareise" geschrieben – lassen Unsicherheit und Nachdenklichkeit erahnen, ein Zustand, in dem ich mich in dieser Zeit offensichtlich befand. Ob ich bisher richtig gehandelt hätte und wie es weitergehen würde etc.

Lieber Fritz,
als ich Deinen Brief bekam, wollt ich Dir gleich
schreiben – dann verschob ich ein paar Tage – und
Du weisst, was passiert, wenn man anfaengt etwas zu
verschieben...
Dein Entschluss, der Architektur abzusagen, hat mich
eigentlich nicht ueberrascht – irgendsoetwas hatte ich ja
fuer frueher oder spaeter erwartet.
Das wusste ich natuerlich, dass Dein Herz niemals
wirklich an der Architektur gehangen ist – Deine Part-
nerschaft mit Gsteu war auch rein zufaellig und musste
frueher oder spaeter zerbrechen – an der mangelnden

wirklichen Verbindung und Gemeinsamkeit – jetzt bin ich neugierig, wie es weitergeht.
So ist es eben in Wien, man macht einen Strich unter sich selbst, geht ins Caféhaus und macht Literatur – das ist ja mit jedem so. Es endet entweder bei der Gemeinde Wien oder im Literarischen.
Ich bin wirklich neugierig, wie mir alles vorkommen wird in Wien, nach diesen zwei Jahren – natuerlich ist viel „passiert" in dieser Zeit – wie ihr immer schreibt – man merkt es nicht – den Weg, den man geht, kennt man nicht, solange man darauf spaziert.
Ich hab mich manchmal gefragt, ob es richtig war, dass ich ueberhaupt wegfuhr und dass ich so lange ausbleibe – aber ich glaube doch, dass ich nichts Besseres hätte tun koennen.
Auch diese Scheisstadt hier war eine gute Wahl. Es ist eine vollkommen indifferente, neutrale Atmosphaere hier – ungefaehr Dein Traum von einem finnischen Winter – alles, was von Bedeutung ist, ist in gleicher Entfernung, kein Einfluss, gleich welcher Art, wird durch persoenlichen Kontakt bestimmt – ich sehe unser Leben in Wien durch eine Camera obscura. Unsere Diskussionen, die Dinge, die wichtig sind in Wien – die einen aufregen – und was wir machten und glaubten...

Ich komme around Ende Mai – Anfang Juni
Servus Fritz – ich freu mich doch eigentlich schon recht auf Wien...

Dein Willi

Aber kurz nach diesem Brief kam es zu einer Begegnung, die mein Leben schließlich für ein weiteres Jahr an Amerika binden sollte.

Einer von den vielen Gastvortragenden, die in die abgelegene University of Manitoba in Winnipeg kamen, war Paul Rudolph. Er war damals, 1958, der Shootingstar unter den amerikanischen Architekten, und ich kannte ihn schon von Boston. Am MIT war er einmal in einer sogenannten „offenen" Jury gewesen, die die Arbeiten von uns Studenten bewertete. Er hatte gerade das Architecture Department an der Yale University in New Haven, Connecticut, als Chairman übernommen und war offensichtlich dabei, ein neues Team aufzubauen. Er besuchte mich, wie ich gerade an dem Wettbewerb „Hauptstadt Berlin" arbeitete. Er war von meinem Projekt so beeindruckt, dass er mich einlud, im kommenden akademischen Jahr als Assistant Professor an diese Universität zu kommen, was für mich in der damaligen Situation natürlich eine große Ehre war. Die Entscheidung, dieses Angebot anzunehmen oder nach Wien zurückzukehren, sollte mich im Laufe des Sommers noch große innere Kämpfe kosten. Vorläufig nahm ich jedenfalls einmal an.

go west! part two

Nach einem erbarmungslosen Winter mit Temperaturen von knapp unter minus vierzig Grad war der Frühling und mit ihm das erfreulicherweise kurze akademische Jahr herbeigesehnt. Der zweite Teil der geplanten „Amerikareise" führte erst durch den langweiligsten Teil der USA, den Mittelwesten, die beiden Dakotas, Wyoming, Minnesota und Utah in Richtung Rocky Mountains und Nevada. Las Vegas war vergleichsweise noch ein verstaubtes Nest, Reno war als Heirats- und Scheidungsparadies weit populärer. Kurzes Aufflackern der Idee einer Heirat beim Anblick der vielen „24 hour Wedding Chapels" unter dem Motto „wenn wir schon einmal hier sind".
Zwischen San Francisco und Los Angeles, entlang dem damals noch kaum frequentierten, aber spektakulären „Highway One", lag Big Sur – damals ein Mekka esoterischer und erotomanischer Figuren, war es doch der Wohnort Henry Millers, des damals wohl berühmtberüchtigsten Autors.
Und es sollte tatsächlich passieren: In einem auf einem Kliff über dem Meer liegenden kleinen Restaurant saßen wir einige Tische entfernt von dem großen Mann. Wie uns die bayerische Wirtin erzählte, war es Henry Millers Stammlokal, in das er fast täglich von seinem Berg herunterkam. Da er in Begleitung war, widerstanden wir dem Drang, ihn anzusprechen. Meine Begleiterin hätte es trotzdem gern getan; wie wir aus geringer Distanz feststellen konnten, hatte der geheimnisumwobene „Skandalautor" auch als Person eine faszinierende Ausstrahlung.

Es erscheint heute grotesk, dass die gesamte uns damals bekannte – und nur verdeckt erhältliche – pornografische Literatur aus unserer Josefine Mutzenbacher und den nur über die Pariser Olympia Press zu beziehenden grünen Bändchen des „Tropic of Cancer" und „Tropic of Capricorn" von Henry Miller bestand. Dieser hätte sich nicht einmal im Traum vorstellen können, was ihn heute auf diesem Gebiet erwartet hätte.

Die Reise von der Westküste nach Montreal brachte wieder Begegnungen mit dem unvermeidlichen F. L. Wright, besonders mit seinem Summercamp am Rande von Phoenix, Arizona. Wieder diese unvergleichliche Symbiose von Natur und Landschaft mit den Bauwerken, und damals standen sie im Gegensatz zu heute wirklich noch völlig einsam in wüstenartiger Umgebung. Wäre dies ein Buch über Architektur, könnte ich darüber noch viel schreiben.

Aber ein Erlebnis doch noch: der Besuch bei Bruce Goff in seinem Atelier im einzigen von Wright gebauten Hochhaus, dem Tower in Bartlesville, Oklahoma, einer wahrlich – wie mir damals schien – gottverlassenen Gegend. Goff, Schüler und Freund von Wright, überaus freundlich und stockschwul, lud uns zum Mittagessen ein und zeigte uns seine Bauten. Er war bekannt dafür, dass er ganze Häuser aus großen Brocken von Steinkohle baute – das billigste Baumaterial, wie er meinte.

Die Überraschung beim Betreten des Ateliers direkt gegenüber der Eingangstür: ein Schiele, ein großes Aquarell. Auch einige Zeichnungen Schieles hingen im Atelier. Goff berichtete von seiner Militärzeit als Besatzungssol-

Badlands, South Dakota, 1958

dat in Wien, er habe die Bilder und Zeichnungen in einer Galerie an der Ringstraße gekauft. Nach seiner Beschreibung war es die Ecke am Schillerplatz, wir kennen sie alle, auch dass er damals sicher nicht mehr als ein paar Dollar dafür bezahlt habe.

Im Gespräch erläuterte ich, ich hätte schon in Taliesin Ost, in Spring Green, einen Klimt entdeckt. Darauf Goff: Er habe Wright einmal darauf angesprochen, dass eine gewisse Ähnlichkeit bestünde zwischen seinen Zeichnungen und jenen der Wiener Secession, besonders der Wagner-Schule. Darauf Wright mit einem verschmitzten Lächeln: „Can't a man have a secret?"

Wright war 1910 in Wien, auf der Flucht vor der Frau und den sechs Kindern, die er in Chicago zurückgelassen hatte. Praktischerweise nahm er die Frau eines Bauherrn mit, Madame Cheney, da dürfte er den Klimt gekauft haben, sicher in derselben Galerie an der Ringstraße.

Den Abschluss der Reise bildete der Besuch des Geländes der Weltausstellung in Montreal, die im vorhergehenden Jahr stattgefunden hatte. Fast alle Bauten standen nicht nur noch, sondern waren gewissermaßen noch in Betrieb: die geodätische Kuppel von Buckminster Fuller mit dem Zug, der mittendurch fuhr, oder die terrassenartige Wohnanlage *Habitat*, entstanden aus einer Diplomarbeit des jungen und geschäftstüchtigen Moshe Safdie, der die Verantwortlichen der Weltausstellung von dem damals äußerst ambitionierten Projekt überzeugen konnte.

Für die Rückreise schifften wir uns in Montreal auf der „Empress of Scotland" ein. Fast endlos kam einem die Passage entlang dem St. Laurence Strom vor, der dann in den überaus stürmischen Nordatlantik mündet. Die Haupterinnerung an diese zweite Schiffsreise: das tägliche Treffen mit einem texanischen Ehepaar an der ansonsten leeren Bar um elf Uhr und der anschließende Lunch im ebenso leeren Speisesaal. Bei der Landung in Southampton glich der Luxusliner eher einem Lazarettschiff – ein etwas anderes Erlebnis als auf der Hinfahrt mit der „Andrea Doria".

Grand Canyon, 1958

wien und wieder zurück:
new haven

Die fast zweimonatige Reise an die Westküste und zurück nach Montreal hatte es mit sich gebracht, dass ich praktisch keinen Kontakt mit Wien hatte. Ich wusste auch nichts über das Ergebnis des hart erarbeiteten Wettbewerbs in Berlin, die freudige Überraschung erreichte mich erst später in Wien. Darüber berichtet Achleitner in einem Brief an seine Eltern: „Vor ein paar Tagen ist auch Willi aus Amerika zurückgekommen. Er musste aber gleich nach Berlin fliegen, weil er dort bei einem Wettbewerb (den er in Amerika machte) einen ‚Ankauf' ca. 30.000 S gemacht hat. Natürlich geht es ihm jetzt gut und er braucht nicht gleich in den sauren Apfel beissen. Ausserdem sieht er gut aus, zuerst etwas amerikanisch, aber schön langsam aklimatisiert (sic) er sich schon wieder."
Im selben Brief eine Anmerkung, die auf die Literaturszene in Wien ein Schlaglicht wirft: „Die Literaturseite im Kurier kommt nächsten Samstag. Ich habe mich geirrt, weil ich glaubte, dass sie jeden Samstag kommt. Ich werde sie also, wenn ich am Samstag hinauffahre, gleich mitbringen. Heimito von Doderer hat Konrad und mir eine sehr schöne Referenz für das Stipendium geschrieben, die so lautet: ‚Befragt hinsichtlich meiner Meinung über die beiden jungen Dichter Friedrich Achleitner und Konrad Bayer kann ich mich dahin präzisieren, dass in den beiden genannten Persönlichkeiten ein gut Teil von Österreichs literarischer Zukunft ... beschlossen liegt: einer solchen Zukunft nämlich, die über Österreichs Grenzen weit hinausgreift. Wenn wer zu fördern ... ist, dann wären es jene. Ich für mein Teil will hierin nichts versäumt haben! Heimito von Doderer 26. VI. 58.'

Nun, wenn das nicht klappt, dann hilft wirklich nichts mehr. Jedenfalls legt uns diese Referenz auch allerhand Verpflichtungen auf. Denen kann man allerdings nur mit Arbeit gerecht werden."

In diesem Sommer 58 stand ich in Wien vor einer schwierigen Entscheidung: weitermachen mit der „arbeitsgruppe 4" oder doch wieder Amerika – schließlich hatte ich ja schon zugesagt. Das ging so weit, dass ich Paul Rudolph ein Absagetelegramm schickte, das mir allerdings eine postwendende Rückantwort einbrachte mit einer Bemerkung über die „damned unreliable Austrians". Dieses Telegramm entschied über meine Rückkehr. Diesmal mit dem Flugzeug.

Das Jahr an der Yale University in New Haven, Connecticut, ist brieflich wenig dokumentiert. Immerhin, in Achleitners Kassette fand sich ein Brief vom Frühjahr 59. Er ist wieder im launigen Blödelstil geschrieben, diesmal mit jiddischem Anklang – wer weiß wieso –, und bezieht sich zuerst auf einen Autounfall von Achleitner, von dem er mir offenbar berichtet hatte.

New Haven im März 59

Lieber Fritz!
Hab mach gefreit wie ach here hast Du doch an Unfall gehabt und hast gemacht a klanes Gescheft dabei. Mechte hoffen hast schenen Anzug gekriegt dafir und schene Biechar. Hab auch groasse Freide natirlach dass se haben andere Lenker eingesperrt und auch dass Knie geschmerzt hat. Eben ka Freid ohne Leid.

Mir haben racht scheneyes Wetter und auch sonst ist alles schen. Mecht gern dass Du wartest mit Kabaret wenn meglach weil ach auch gern sehen mechte und wird auch bald kommen nach Wien. Fahrrn am 24 Merz von Nei-York ab, mit an Schiff, hat den Nam United States. Vielleicht kenntest waten mit Kabaret wenn meglich.
Danke schen fir Gratulationen fir Preise und Auszeichnungen, winsch auch dasselbe.
Frei mach auf Heirigen hab racht gute Vorsetz dafir.

Spalt hat mir schon geschrieben von Deinen und Fritzis mathematischen Ambitionen. Natürlich habe ich gleich eine würdige Aufgabe für Euch gesucht. Und nachdem ich hier in Amerika bin, schicke ich Euch eine schöne amerikanische Aufgabe die sehr leicht auf diverse Ausstellungseröffnungen anzuwenden ist.

Die Formel für eine Cocktailparty!

$$No = K \left(1 + \frac{\left(\frac{aV}{4 \pi h}\right) + do^2}{do^2\, Sm^2}\right)$$

Diese gleiche Formel ist wie gesagt im österreichischen Fall für Ausstellungseröffnungen anzuwenden.

Erklärung:
No = die beste Anzahl von Gästen
V = das Ausmaß des Raumes
a = der Lärmabsorptionskoeffizient
h = der freie Weg, den ein Ton im Raum machen kann
Sm = der Verhältniskoeffizient zwischen Sprechen und Lärmen
4 = die arbeitsgruppe 4
K = die Anzahl von Personen in jeder konversierenden Gruppe (für Prachensky ist der doppelte Wert einzusetzen)
do = die Entfernung zwischen dem Sprechenden und dem Zuhörenden (zu verdoppeln, wenn beide zugleich reden)
Ihr werdet schon selbst darauf gekommen sein, dass man bei Partys, Saufabenden etc. nicht so sentimental vorgehen kann und einfach jeden einladet, den man halt mag, sondern dass man hiebei logisch und mathematisch vorgehen muss. Ich hoffe also, dass Euch diese Formel eine große Hilfe bei Euren Anstrengungen zur Verlogisierung der schlamperten Wiener Verhältnisse ist. Diese Formel ist auch gut zu verwenden bei Wiener Klein- und Kleinstwohnungen, letztere der zweigeschossigen Art.

Lieber Fritz, ich denk auch sehr oft an die Österreich Rundfahrt (ausgenommen Tirol und Vorarlberg) nur glaub ich nicht dass ich mir einen Peugeot leisten werde können. Aber Du könntest Dich vielleicht erkundigen was einer kostet und über Bedingungen? Neuigkeiten,

*von denen Dein Brief so voll ist, gibt es hier keine,
wir fahren so jede zweite Woche nach New York, das
immer wieder schön und interessant ist, und sonst
residiere ich hier auf meinem Landsitz am Meer, hüpfe
täglich ein wenig über die Steine und klaub Muscheln
auf, um sie gleich wieder wegzuhauen.
Ich werde riesig ausgerastet und mit viel Energien nach
Wien kommen, die ich mir aber sicher wieder schnell
wegsaufen werde. Wenn ich jetzt an ein saures kaltes
Vierterl denk, werd ich schon jetzt ganz schwach. Warst
Du wieder einmal in unserem Beisl in Ottakring? Das
wird herrlich werden, wenn wir die Hansson Siedlung
bauen.*

Servus   W

P. S. Studier die Formel aber, die ist gut guuut!

Das Jahr an der Yale University hatte unter angenehmen äußeren Umständen begonnen. Ich hatte ein kleines Haus direkt am Meer gemietet, am Long Island Sound in dem kleinen Ort Branford, eine halbe Autostunde von New Haven entfernt. – Auch die Frau aus Wien war wieder mitgekommen.

Neben meiner Lehrtätigkeit an der Graduate School of Design arbeitete ich an einer Reihe von Wettbewerben: für die Toronto City Hall, eine Cowboy Hall of Fame und für die im Brief erwähnte Peer-Albin-Hansson-Siedlung in Wien, eingereicht unter dem Namen „arbeitsgruppe 4". Letztere wurde mit einem von acht gleichrangigen Preisen ausgezeichnet. Jeder Preisträger sollte einen Teil der Siedlung planen, aber die Zeit war – wieder einmal – nicht „reif"; gebaut wurden schließlich die gängigen Gemeindebauten.

Nach Ablauf des akademischen Jahres stand ich wieder vor der Entscheidung, nach Wien zurückzukehren oder überhaupt den Schwerpunkt nach den USA zu verlegen. Dies wurde mir schon deshalb nicht leicht gemacht, da ich das großzügige Angebot vom New Yorker Architekturbüro Skidmore, Owings and Merrill (SOM) erhielt, als einer der Topdesigner bei ihnen einzutreten.

SOM war schon damals die bedeutendste Architekturfirma Amerikas und zugleich eine der größten der Welt. Erst jüngst erregte es mediales Aufsehen durch den Bau des Burj Khalifa in Dubai – mit 828 Metern der höchste Turm der Welt und das höchste jemals von Menschen errichtete Bauwerk.

Dieses Angebot war in meiner damaligen Situation äußerst verlockend. Andererseits fühlte ich mich auch an die Yale University gebunden. Und dann war da noch Wien und die Rückkehr zur arbeitsgruppe 4.

Der Neuanfang in Wien brachte dann einige unvorhersehbare Entwicklungen. Die Gefährtin und ich mussten nach kurzer Zeit feststellen, dass unsere Beziehung allzu großem Stress und emotionellen Krisen ausgesetzt war. Bald kam es zur Trennung.

Auch die Zusammenarbeit mit Friedrich Kurrent und Johannes Spalt in der arbeitsgruppe 4 fand mit der Fertigstellung des Kollegs St. Josef in Salzburg – dem eigentlichen Höhepunkt unserer Partnerschaft – ein Ende.

Diese Trennung war für mich emotionell fast schwieriger als die andere.

Ich hatte nun also ein eigenes Büro, aber kaum Aufträge. 1968, einige Jahre später, begann mit dem ersten Preis im internationalen Wettbewerb für das Amsterdamer Rathaus eine völlig neue Phase.

Auch privat gab es große Veränderungen: eine neue Familie mit drei Kindern über die Jahre. Aber das ist eine andere Geschichte, die nach Jahren auch mit einer Trennung endet.

Die aus der besonderen Situation entstandene „Flucht nach Amerika" führte dazu, dass ich Frauen in der Folge keinen so großen Einfluss auf meine berufliche Laufbahn mehr einräumen wollte.

Ankunft in Europa mit der „United States"

epilog mit bankett

Jahre später bat mich David Childs, der jetzige Architekt des Freedom Tower am Ground Zero in New York und Hauptpartner von SOM, für die zwölf Partner der Firma und ihre Frauen, die sich jedes Jahr in einer der Städte auf den fünf Kontinenten trafen, in denen sie jeweils eine Vertretung hatten, ein Fest auszurichten. Er bot mir an, einige Wiener Kollegen dazuzuladen, um diesem Fest ein wenig wienerische Atmosphäre zu geben. Es kamen aus meinem engeren Kreis nur Prix und Swieczinsky von Coop Himmelb(l)au, die den förmlichen Dresscode auf ihre Art interpretierten: mit Turnschuhen. Sie waren damals nur wenigen Insidern bekannt und amüsierten sich bestens. Auch Dieter Irresberger, meinen engsten Mitarbeiter und Freund, hatte ich eingeladen, der dann für mich im Verlauf des Abends eine große Stütze war.
Es war der 26. April 1990, als im Palais Schwarzenberg das große Bankett stattfand. Ich erinnere mich deshalb so genau, weil in dieser Nacht meine späte Tochter auf die Welt kam. (Na ja, wenn man sechzig ist, ist es spät.) Der Abend verlief für mich dramatisch, aber die anderen merkten nichts davon. Der Freund hielt den Kontakt zur Klinik, und beim Cocktail im großen Kuppelsaal überbrachte er mir die Nachricht, dass die werdende Mutter gerade in den Kreißsaal gebracht worden war. Beim anschließenden Dinner im Jagdsalon flüsterte er mir nach jedem Gang zu, es wäre noch nicht soweit. Erst beim Dessert stürzte er aufgeregt in den Saal und verkündete laut und für alle hörbar: „Wilhelm, Du hast eine Tochter!"
Großes Raunen und schließlich Entsetzen bei den Damen darüber, dass ich überhaupt hier war und auch

nicht sofort wegeilte, sondern in Ruhe sitzen blieb. Gott sei Dank war Mari, meine heutige Frau, mit mir einer Meinung, dass ich beim Gebären der Unnötigste sei. Trotzdem kam es dann zu einem Toast auf das neugeborene Kind.

Während wir gemeinsam an der großen Tafel saßen, kam mir zum Bewusstsein: Hätte ich mich damals für Amerika entschieden, säße ich nun vermutlich in genau dieser Gesellschaft, vielleicht mit einer amerikanischen Frau. Nun war es aber Wien, und die Frau, die mich gerade zum Vater gemacht hatte, Japanerin.

Ich lernte Mari in Wien kennen, bei einem Essen in größerer Runde, ich mit meiner damaligen Frau, sie mit ihrem zukünftigen Schwiegervater. Ihr Bräutigam weilte in New York. Eine Visitenkarte von ihr bestimmte den weiteren Gang der Dinge.

Sie reiste bald darauf nach Japan ab und ließ mich mit dem Satz zurück: „Wenn Sie einmal nach Japan kommen, melden Sie sich doch!" Wer erwartet bei einer solchen Aufforderung schon, dass es der andere wirklich tut?

Ich tat es, im Verlauf einer Reise von sechs österreichischen Rektoren nach Taiwan.

Ich glaube, der Grund, warum wir heute zusammen sind, ist dieser: In Kyoto gibt es das berühmte „Tawaraya-Ryokan", eine erlesene Herberge aus dem 17. Jahrhundert, deren Gästebuch voll ist mit Königen und Hollywood-Stars. Ich hatte Mari mächtig beeindruckt, indem es mir gelungen war, hier eine Suite zu kriegen – ihr war es nicht gelungen. Dort verbrachten wir zwei Tage und zwei Nächte, die mir wie im Märchen vorkamen.

inhalt

prolog mit schiffsuntergang 3
new york 17
syracuse 21
meiself in bosdn 27
die frau 45
ein büchlein weißer unbescholtener blätter 53
das gepolsterte scheißbrett 63
der achenbecher 69
go west! 73
winnipeg 81
go west: part two 89
wien und zurück: new haven 95
epilog mit bankett 105

Die Herausgabe dieses Buches wurde freundlicherweise unterstützt vom
bm:uk

Die Briefe sind auf Wunsch des Autors originalgetreu wiedergegeben; zum leichteren Verständnis wurden an wenigen Stellen sanfte Eingriffe durch den Verlag vorgenommen.

Bibliografische Information der Deutschen Nationalbibliothek
Die Deutsche Nationalbibliothek verzeichnet die Publikation in der Deutschen Nationalbibliografie; detaillierte bibliografische Daten sind im Internet über http://dnb.ddb.de abrufbar

© 2012 müry salzmann
Salzburg – Wien, Austria
Lektorat: Andres Müry
Gestaltung: Müry Salzmann Verlag
Fotos Amerikareise: Architekturzentrum Wien
Übrige Abbildungen: Archiv Wilhelm Holzbauer
Druck: Theiss, Wolfsberg, ISBN 978-3-99014-053-6
www.muerysalzmann.at

„die arbeitsgruppe 4 hat die moderne architektur nach österreich gebracht und zugleich den modernismus überwunden."

hermann czech

arbeitsgruppe 4.
Wilhelm Holzbauer, Johannes Spalt, Friedrich Kurrent
1950-1970

256 Seiten, 22,5 mal 30 cm, Hardcover mit Schutzumschlag
978-3-99014-021-5
EUR 48

Herausgegeben vom Architekturzentrum Wien
Mit Beiträgen von Friedrich Achleitner, Gabriele Kaiser, Siegfried Mattl, Sonja Pisarik, Ute Waditschatka, Karin Wilhelm

„helmut schödel ist einer der besten und besondersten reporter der deutschen sprache."

jakob augstein

Helmut Schödel
Der Wind ist ein Wiener
Reportagen für morgen

176 Seiten, 11,5 mal 18 cm, Hardcover mit Schutzumschlag
978-3-99014-052-9
EUR 19

Mit Beiträgen u. a. über Helmut Berger, Manfred Deix,
Ernst Molden, Frau Schubsi und die Horacek.

www.muerysalzmann.at

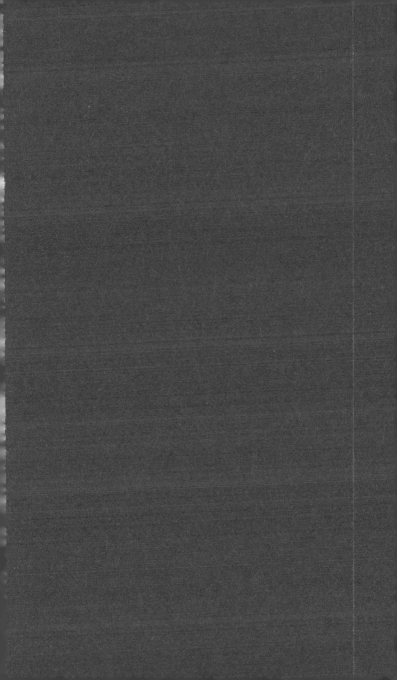